歴史の京《みやこ》 洛南を歩く

文：高野 澄／写真：永野一晃

淡交社

はじめに

洛南の著名な史跡を地図のうえに配してみると、〈まとまりがつかない〉といった印象を深くするにちがいない。

それで正しい。

ほかの地区、とくに洛中の〈まとまりの良さ〉にくらべれば、洛南の史跡はてんでんばらばら、勝手気儘——であるかのように——に点在している。

いいかえれば、洛南の史跡はそれぞれに〈個〉である。

理由は、はっきりしている。難波《なにわ》や飛鳥、平城という古代の諸京と、新京の平安京とに挟まれて歴史を展開してきたからだ。

難波から東へ、平城から北へ、古代の首都の文化はゆったりと波及していた。

そのころの山城は難波や飛鳥、平城の文化圏の末端であった。

京が一年で経験する新しい文化を、山城は五年も十年もかかってうけいれ、消化していた。

放射状に拡散、波及する文化だから、京から離れるほど、影響は薄弱に、したがって孤立分散的になる。洛南の史跡がそれぞれに〈個〉であるのは、こういう理由からだ。

相互のあいだの影響は弱いから、いわば文化が〈個〉として成熟する時間がたっぷりとあたえられていた。

たとえば、厨子《ずし》入りの吉祥天で有名な浄瑠璃寺の創建のくわしい年代は不詳としても、天平文化の懐かしい精華とみてまちがいはないだろう。平城の都から木津川の沿岸の生活者に、阿弥陀如来や吉祥天を拝する機会をあたえてやるのが浄瑠璃寺の使命であった。

——都から遠い、辺鄙な加茂のあたりでは佛の教えの香りを嗅《か》ぐのも希有であろうが、案じることはない、浄瑠璃寺までくれば、吉祥天や阿弥陀さまがお待ちになっておられる。

このようによびかけていた。

だが、平安遷都で事情は一変する。ここに住むひとびとの視線は、否応なしに、南から北に振り向かされた。

北の平安京から押し寄せる新文化の波が、浄瑠璃寺の足元を流してしまうかもしれぬ——そういう危機を回避して生きつづけるのが洛南のさまざまな史跡なのだ。

危機を回避しえたちから、それが洛南の史跡の〈個〉の姿になっている。

もくじ

歴史の京《みやこ》 洛南を歩く

全域地図

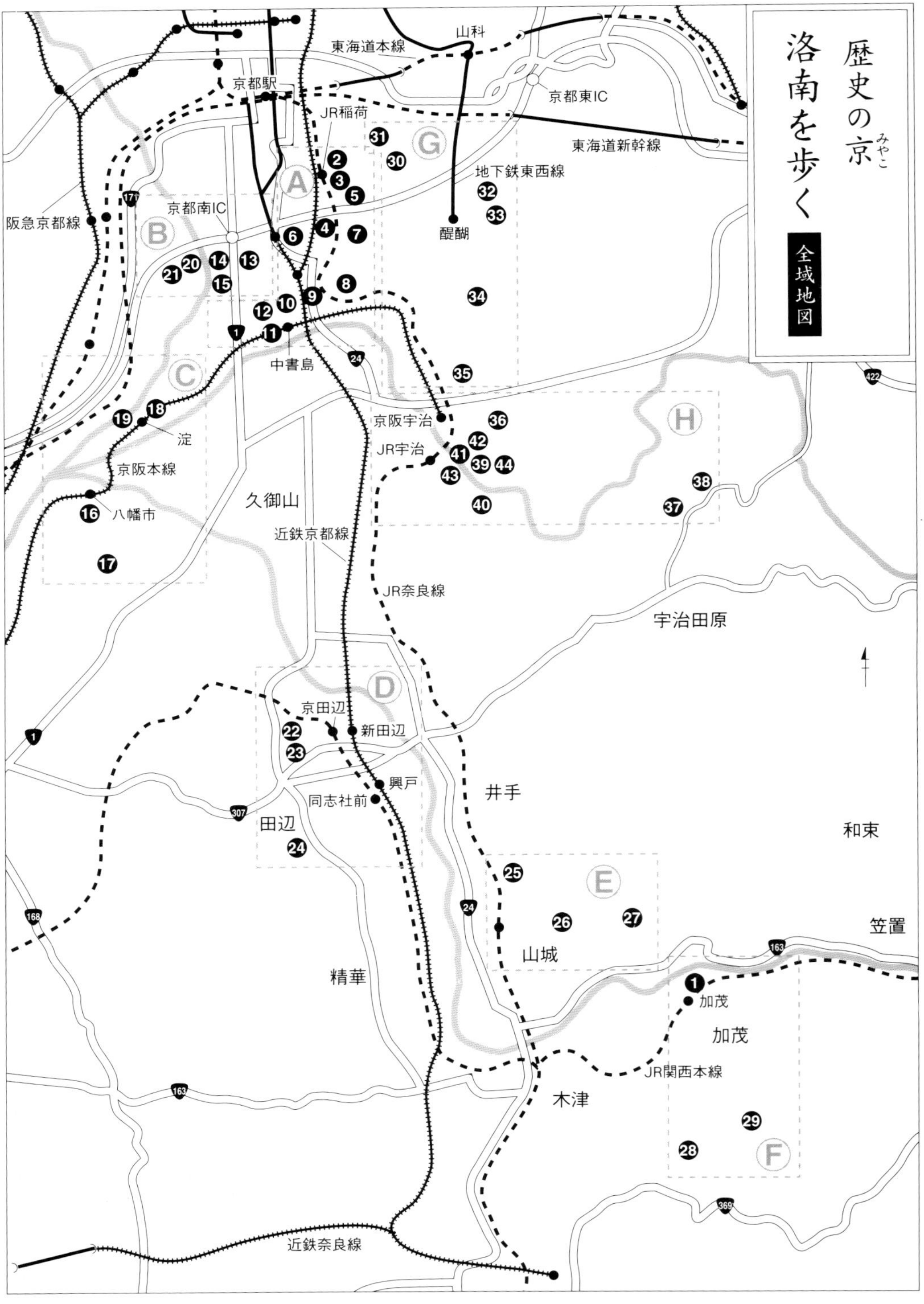

掲載事項

◆各エリアへの大まかな交通手段

（実際にはいろいろな方法があります。一例としてご覧ください）

※Ⓐのエリアには→JR京都駅からJR奈良線で稲荷駅下車（伏見稲荷大社、東丸神社、石峰寺）、桃山駅下車（伏見桃山城、乃木神社、御香宮神社）。京都駅から近鉄京都線（地下鉄烏丸線が竹田駅で接続）で丹波橋駅下車、京阪本線にのりかえ中書島駅下車（月桂冠大倉記念館、伏見みなと公園、寺田屋）。

※Ⓑのエリアには→京都駅烏丸中央改札口（京都タワー側）をでてすぐのバスのりばから市バス19系統で城南宮下車（城南宮、鳥羽離宮跡公園）。地下鉄烏丸線・近鉄京都線竹田駅下車、西口の3番のりばから市バス南2系統で久我（誕生寺）、神川小学校前（久我神社）下車。

※Ⓒのエリアには→京都駅から近鉄京都線で丹波橋駅下車、京阪本線にのりかえ八幡市駅下車（石清水八幡宮、八角堂、松花堂）、淀駅下車（唐人雁木の碑、淀城跡）。

※Ⓓのエリアには→京都駅から近鉄京都線で新田辺駅下車（酬恩庵、甘南備寺、甘南備神社）、三山木駅下車（観音寺）。

※Ⓔのエリアには→京都駅からJR奈良線で棚倉駅下車（蟹満寺）、同じく奈良線で木津駅下車、JR関西本線にのりかえ加茂駅下車（海住山寺）。

※Ⓕのエリアには→Eのエリアと同じく、JR関西本線加茂駅下車（岡田鴨神社、浄瑠璃寺、岩船寺）。

※Ⓖのエリアには→京都駅からJR東海道本線で山科駅下車、京阪バス29系統で大石神社前下車（岩屋寺、大石神社）。山科駅から同じく京阪バス22系統で醍醐三宝院（醍醐寺）、石田下車（法界寺）。山科駅から地下鉄東西線で小野駅下車（随心院）。京都駅からJR奈良線で黄檗駅下車（萬福寺）。

※Ⓗのエリアには→京都駅からJR奈良線で宇治駅下車（宇治周辺）。または京阪本線中書島駅から京阪宇治線で宇治駅下車。両宇治駅から京阪宇治交通バスにのりかえ維中前下車（禅定寺、猿丸神社）。

平城京と平安京との間の郊外…

洛南

写真／岡田鴨神社。桓武天皇と縁の深い賀茂氏は、京都の賀茂地区にくる前は、京都府相楽部の加茂に住んでいたという。岡田鴨神社の祭神は、賀茂（鴨）氏の氏神である賀茂建角身命。大和から山城への文化の変遷を考える上で、重要なことである。

賀茂氏が握る歴史の鍵

おおきくいって洛南は二地区にわかれている。平城京の郊外と、平安京の郊外との二地区である。

平城京の郊外をあるき、かんがえるには、当然ながら平城京からはじめて郊外に足をのばすのが正しい。そのようにして造られた寺社や庭園、歴史のドラマの足跡がいまでは洛南——江戸時代の京都の南郊——と一括してよばれているからだ。

現在の時点でいうと、わたくし個人の興味は岡田鴨神社に集中している。

桓武天皇を長岡から葛野《かどの》にひきよせたのは賀茂氏や秦氏であるらしい、桓武天皇の勅使が賀茂社に挨拶に行ったのがしきたりとなって葵祭がはじまったらしい。

そんなことがおぼろげにわかってくると、こんどは、賀茂氏はどこからやってきたのだろうか、ずーっとふるくから京都盆地に住んでいたのだろうかと、つぎからつぎへと疑問がわき、いまの京都の賀茂地区にくるまえは相楽郡《そうらくぐん》の加茂に住んでいたと知って、おおげさにいえば、仰天《ぎょうてん》する。

そこで、おそるおそる、資料をひもとくという、わたくしにとっては苦手の作業がはじまり、そのあとからはもう、溜め息と感嘆の連続になる。

——岡田の離宮というものがあって、元明天皇が行幸《ぎょうこう》したことがあるんだそうだ！

〈移動〉がモチーフの賀茂氏

元明天皇は女帝、天智天皇の第四皇女だ。在位は慶雲四～霊亀元年（七〇七～七一五）、桓武天皇の誕生よりも前のことである。

岡田の離宮の鎮守の役目をはたしたのが岡田鴨神社であるのは疑問の余地がないが、賀茂氏

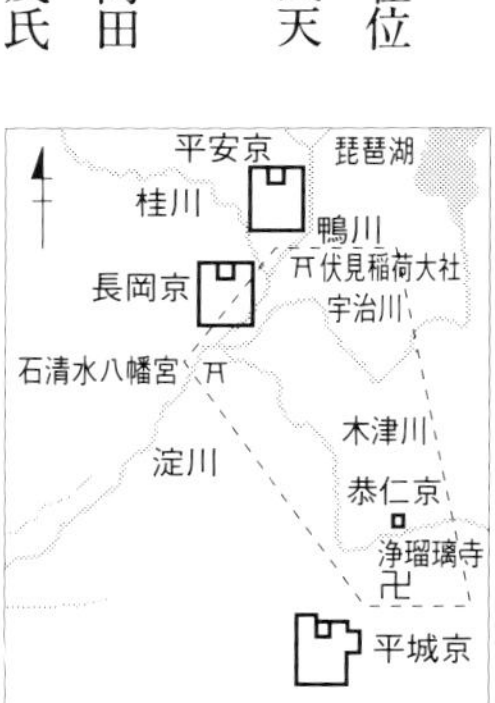

が、山城の賀茂よりも前には相楽郡の加茂にいたとなると、

――どこか、遠いところからやってきて加茂に一時的に定着した、そういうことなのではないか？

加茂―賀茂―鴨という氏族は〈定着〉よりも〈移動〉を固有のモチーフとしているのではないかなどと、〈賀茂氏の定義〉といったものが浮かんでくる。

途方もない壁につきあたってしまったといえないこともないが、むしろ、反対なのである。〈移動〉が賀茂氏にとっては基本のモチーフなのだと理解するとき、それは同時に、われわれが、〈定着〉の定義から解放されることを意味するのである。

こうなれば、賀茂氏の起源がどんなに遠いところに発見されても驚きはしない。いや、驚きはするが、恐ろしくはなくなる。

賀茂氏の祖神は賀茂建角身命《かもたけつのみのみこと》といい、カンヤマトイワレヒコノミコト、すなわち神武天皇を日向の高千穂で出迎え、高千穂から大和の葛城《かつらぎ》へ、そして山城の岡田の鴨、さらには「葛野河《かどのかわ》と賀茂河の会うところ」に案内し、ここが移動の終着点となったという物語が紹介されている（『山城国風土記逸文』）。

葛野河とは大堰川《おおいがわ》（桂川）のことだから、「葛野河と賀茂河と会うところ」というのは長岡京と平安京の両京を指しているのかもしれない。

賀茂氏の移動に費やされた時間と、大和や山城に定着していた時間と、いったい、どちらが長いのだろうか。

現代の京都というか、日本というか、それは賀茂氏の〈定着〉の時期にあたっているわけだが、賀茂氏の移動の歴史をかんがえれば現代日本の〈定着〉が不動磐石《ばんじゃく》なものであるはずはないことが諒解される。

〈定着〉も〈移動〉も絶対固有のものではない。そうでなければ、理屈が合わないのである。

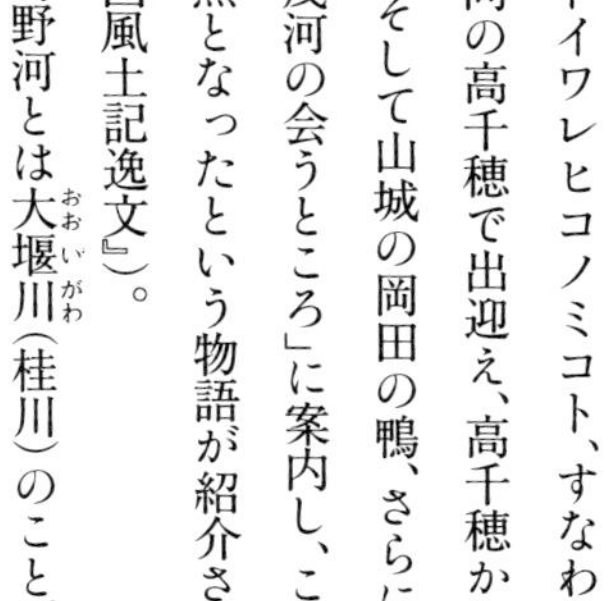

岡田鴨神社（おかだかもじんじゃ）
京都府相楽郡加茂町北鴨村47
電話／0774・76・3131
料金／参拝自由
交通／JR関西本線加茂駅下車、徒歩20分

二万本以上あるという朱の鳥居

伏見稲荷大社

境内の狐の石像。

稲荷山の参道の鳥居は千本鳥居として有名だが、実際には千本どころではなく、実に2万本以上あるという…。

稲荷祭の一場面。現在は、神輿へのお供えは、東寺の東門の前でおこなわれる。

写真右／豊臣秀吉が寄進したという楼門。

稲の実りが信仰の基本

おびただしい数の、朱色の鳥居がある。千本鳥居どころではない、けたがちがう。二万本以上はあるそうだ。

たくさんの鳥居をあつめた、というとまちがいになるだろう。あつめた、ではなくて、あつまってきた、と表現するのが稲荷信仰の歴史を理解するのに役立つはずだ。

東山三十六峰の最南端が稲荷山である。三つの頂上があって、一ノ峰の標高がもっとも高くて二三三メートル。天の神が降臨してくる神奈《かんな》備山《びやま》として、ふるくから信仰の対象になっていた。

このあたりに勢力をきずいた秦氏《はたし》が農耕神を祀《まつ》った。それが稲荷信仰の最初のかたちだったろうとかんがえられる。

稲荷――イナリというよび方については『山城国風土記』の逸文に、つぎのようなエピソードが紹介されている。秦伊呂具《はたのいろぐ》が餅を的《まと》にして、たわむれに矢を射た。矢が当たった的は白鳥となって飛びさり、山の頂上にとまった。そこに稲が生えてきたので「稲成《いねな》り――イナリ――稲荷」と呼ぶようになった。

餅から稲が生えて、実るという循環を神の恵みとみて感謝するのが稲荷信仰の基本となっているわけだ。これが、人間の子が親となり、また子を産んで育てる循環への感謝とかさなる。

秦伊呂具が稲荷山の三つの峰にそれぞれ社をたて、宇迦之御魂大神《うかのみたまのおおかみ》・佐田彦大神《さたひこのおおかみ》・大宮能売《おおみやのめの》大神《おおかみ》の三柱の神を祀ったのは和銅四年（七一一）だという記録があるそうだ。平安遷都より八十年以上もまえから稲荷の信仰ははじまっていた。この三柱に田中大神と四大神《しだいじん》をくわえて稲荷五社ということもある。

稲荷社と東寺の仲

朝廷が稲荷神に謝したという大事件がおこった。造東寺別当の空海が東寺の塔をたてる用材として、稲荷社の神木を伐採した。神木伐採の祟りをうけて淳和天皇が病気になったのである。おどろいた朝廷は稲荷社に従五位下の神階を贈って謝したというのである。

この事件がきっかけになったのだろう、稲荷社は東寺の鎮守の社として格別な関係をもつようになった。東寺は西寺とならんで平安京を護持する官寺である。その東寺の鎮守社の稲荷社が、間接的ながら平安京の安全にも関係してくるわけだ。

三月から四月にかけて、稲荷大社の祭礼がおこなわれる。祭礼の行列は東寺の南大門から境内にはいり、八幡宮のまえで神輿へお供えの儀式をうけてからふたたび南大門をくぐって氏子圏を一巡した。東寺の境内での儀式が正式に組み込まれているところに稲荷祭の特色があった。

盛大な稲荷祭によって平安京の市民と稲荷社のあいだに親しい関係がうまれた。京の外にあって、近くはないのだが、そこがかえって市民に好まれたようだ。

清少納言の『枕草子』の主人公——たぶん清少納言自身のことだろう——は、ふと思いたって稲荷の三社巡りをこころみた。

上社《かみ》から中社《なか》にさしかかったところで疲れて苦しくなったが、ちょうどそこで、衣装の裾をちょっとからげただけの、四十歳ぐらいの女のひととゆきちがった。

「わたしは七度詣でをしているの。もう三度おわり、あと四度ぐらいはなんでもないわ」あっさりといって、すたすたと下っていったのが羨ましくて仕方がなかったと書いている。

男女にかぎらず、宮中ではたらくひとは身体をうごかすのが苦手——平安時代から、そういう傾向があったと知れる。

伏見稲荷大社(ふしみいなりたいしゃ)
京都市伏見区深草藪之内町68
電話/075・641・7331
料金/参拝自由
交通/JR奈良線稲荷駅下車、徒歩3分。京阪本線伏見稲荷駅下車、徒歩5分。JR京都駅から市バス南5系統で稲荷大社前下車、徒歩6分

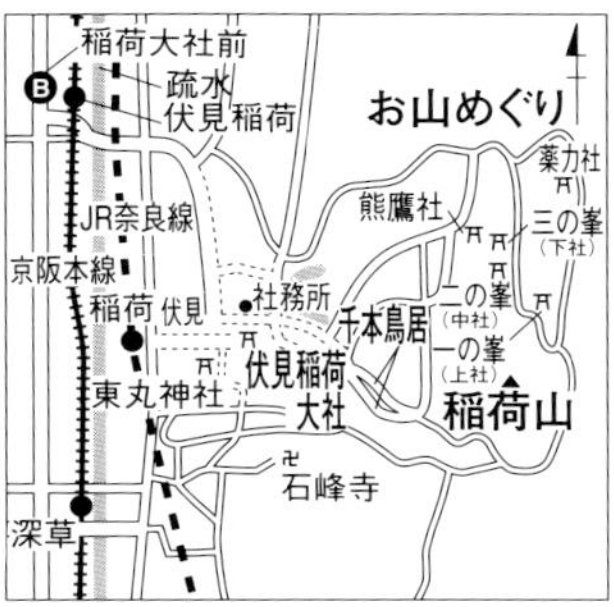

国学の萌芽の息吹を体感

東《あずま》丸《まろ》神《じん》社《じゃ》

写真上／東丸神社。江戸前·中期の国学者、荷田春満（かだのあずままろ）が祀られている。

写真下／社前には祭神にあやかって、学業成績の向上を祈願する絵馬や千羽鶴がたくさん奉納されている。

武神への厚い信仰が基礎

藤森《ふじのもり》神社

拝殿と秋の空。

境内の蒙古塚。蒙古の兵士の首が埋められたとも、また、神功皇后が兵器を納めたともつたわる。

東丸神社

稲荷神社の神職出身の春満《あずままろ》

国学の四大人《よんうし》と称されるのは賀茂真淵・本居宣長・平田篤胤《あつたね》、そして荷田春満《かだのあずままろ》の四人である。春満を祀った神社を東丸神社《あずままろ》という。明治十六年（一八八三）にできた新しい神社である。

稲荷神社の神職を世襲する羽倉氏には東と西の二家があった。御殿預といって稲荷社の鑰《かぎ》をあずかるのが東羽倉家で、春満は寛文九年（一六六九）に東羽倉家の次男としてうまれた。

兄の信友が家職をついだので、春満は荷田姓をなのり、妙法院宮堯延親王に仕えた。それから江戸に出て国学や神道を教授して暮らしていた。

自宅に塾をひらいて門人に教え、出張講義をする。講義の柱となるのは『日本書紀』の神代巻や神道全般、神道の儀式の指導であった。

江戸では赤穂浪士との交際があった。復讐の計画を知って感動し、大石良雄に吉良上野介の屋敷の絵図面を贈呈してひそかに援助したというはなしがある。

国学では賀茂真淵や本居宣長が有名だが、かれらの先輩にあたる春満の時代には鮮明なかたちの国学の体系はできていない。江戸における春満の活動も、この点で制約をうけざるをえなかった。

大きな抱負をもちながらも、それを江戸では実現できなかった春満である。京都にもどり、国学の学校をひらこうとした矢先、病気で亡くなってしまう。

東丸神社に参詣して、国学の萌芽の息吹を感じていただきたい。

伏見稲荷大社拝殿の南にある荷田春満旧宅。

東丸神社（あずままろじんじゃ）
京都市伏見区深草藪之内町36
電話／075・641・4693
料金／参拝自由
交通／JR奈良線稲荷駅下車、徒歩3分。京阪本線伏見稲荷駅下車、徒歩5分。JR京都駅から市バス南5系統で稲荷大社前下車、徒歩6分

神功皇后にあつまった崇敬《すうけい》

藤森神社は武神《ぶしん》である。

神武天皇をはじめとして、神功《じんぐう》皇后や日本武《やまとたけるの》尊《みこと》、武内宿禰《たけのうちのすくね》などが藤森神社では武神とされている。

武神信仰がこの世の安泰と平和につながるという信仰、それが藤森神社の基礎になっているとかんがえられる。

むかし、このあたりを深草《ふかくさ》郷といい、真幡寸《まはたき》神社・藤尾社・塚本社など、小規模な社がたくさんあった。いくつもの社が神功皇后の信仰を柱として合祀《ごうし》され、藤森神社に発展してきたらしい。

合祀の時期はあきらかではないが、神功皇后を顕彰する気運が高まったのにつれて合祀されたのではないか。神功皇后は大和朝廷の支配圏を武力によって海外にまで拡大したとされる。

本殿の右横に「弓兵政所」としるした石碑があり、武神尊敬の姿勢がしめされている。

例祭の藤森祭（深草祭）は五月五日におこなわれるが、武神の祭礼であるだけに、甲冑に身をかためた武士が行列に供奉《ぐぶ》する勇壮なものであった。

武者行列に見とれた清河八郎

幕末、出羽の郷士の清河八郎は安政二年（一八五五）に藤森祭を見物した。

五月五日、この日はまず藤森祭を見物し、午後は賀茂祭（葵祭）を観る予定にしていた。だが、藤森祭の武者行列があまりにも素晴らしかったので、いつまでも見惚れてしまい、賀茂祭にゆく時間がなくなってしまった。

現在の藤森祭でも武者行列が氏子町内を巡行し、境内の馬場では勇壮な「駈け馬」の技が披露される。表門から本殿にむかってまっすぐのびる参道が馬場なのである。

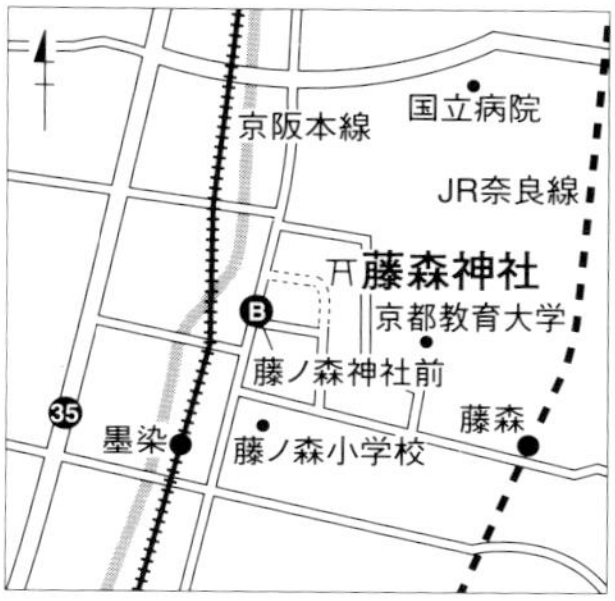

藤森神社（ふじのもりじんじゃ）
京都市伏見区深草鳥居崎町609
電話／075・641・1045
料金／参拝自由
交通／JR奈良線藤森駅下車、徒歩5分。京阪本線墨染駅下車、徒歩7分。JR京都駅から地下鉄烏丸線で竹田駅下車、市バス南8号系統にのりかえ藤ノ森神社前下車、徒歩すぐ

異才の画家・若《じゃく》冲《ちゅう》の魂にふれる

石《せき》峰《ほう》寺《じ》

中国風の赤門。五百羅漢への参道の途中にある。

伊藤若冲が下絵を描き、石工に彫らせたという五百羅漢。年月を経て、苔むしている。

徳川家康が許可した遊廓

撞《しゅ》木《もく》町《ちょう》遊廓跡

写真右上／大石良雄遊興之地よろつやの碑。赤穂浪士をひきいる大石良雄は、撞木町で秘密の会合をひらいた。万屋、笹屋などをひいきにしていた。

写真左上／撞木町廓之碑。

志ゆもく町廓入口の碑。

石峰寺

石佛が招く寺

坂道をあがって、龍宮づくりの総門をくぐる。さあ、ゆっくりあがっておいでと誘っているような雰囲気の総門である。

黄檗山《おうばくさん》萬福寺の千呆《せんがい》禅師が江戸時代のなかごろにひらいたといわれる。

多田満仲の念持佛とつたえる本尊の薬師如来は昭和五十四年（一九七九）に本堂とともに焼失した。十年後に再建され、鈴木白峰佛師が裏山の楠木を一刀彫して新しい本尊の釈迦如来が完成、新築の本堂に安置された。

本堂の裏手に多数の石佛がおかれている。「斗《と》米《べい》庵」と号し伊藤若冲《じゃくちゅう》が原画を描いた石佛群である。

伊藤若冲は享保元年（一七一六）に京都の青物問屋の子としてうまれたが、家業を弟にゆずって絵画に専念した。

はじめは狩野派にまなんだが、そのあとで宋・元・明の中国の絵画に惹かれ、写生を重視する花鳥画を確立した。

さまざまな姿態の鶏をはじめとする動植物画を得意とした。「動植綵絵《さいえ》」（御物《ぎょぶつ》）や鹿苑寺《ろくおんじ》大書院の壁画（葡萄図・鶏及秋海棠図など）が知られている。

若冲は家庭をもたず、晩年には石峰寺の門前に住んで即興的な墨画を製作していた。米一斗の謝礼で一枚の絵を描いたので号を「斗米庵」としたという。

石峰寺の住職と親交があり、釈迦の一生を佛像に描いて石工に彫ってもらった石佛を寄進した。五百羅漢や十六羅漢のユーモラスな石佛もある。

石峰寺（せきほうじ）
京都市伏見区深草石峰寺山町26
電話／075・641・0792
拝観／午前9時～午後5時
料金／300円
交通／京阪本線深草駅下車、東へ徒歩5分。JR奈良線稲荷駅下車、東南へ徒歩7分

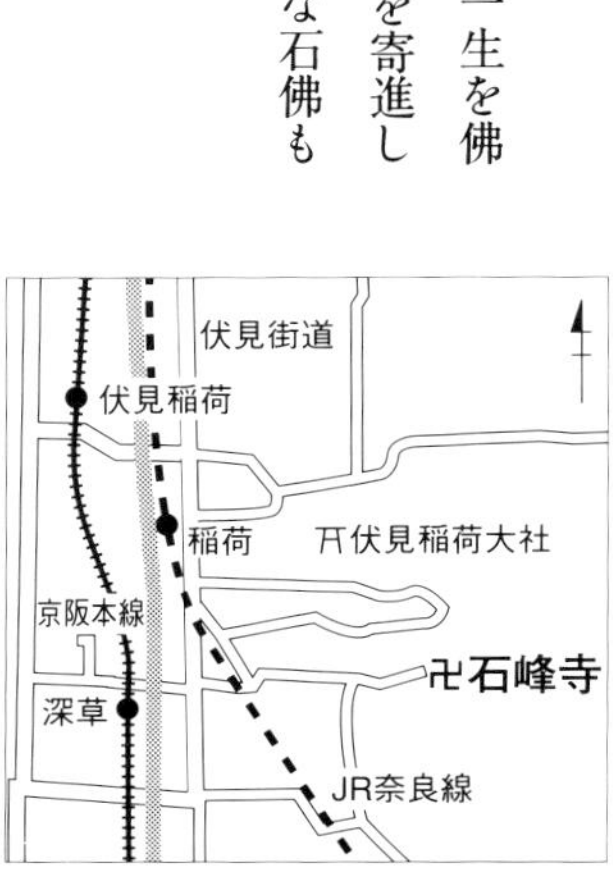

撞木町遊廓跡

大石良雄が秘密の会合をひらいた

「丁」の字の型の、鐘をたたく小型の小槌を撞《しゅ》木《もく》という。豊臣秀吉が伏見の城下町をひらいたときに撞木の形の町ができて、撞木町の名がついた。

京都には六条三筋町に遊廓があり、原三郎右衛門と林又一郎が経営していた。伏見の城下町がひらかれたとき、原と林が秀吉に遊廓の開設と営業をねがって許可された。これが豊臣時代の伏見遊廓である。

しかし、秀吉が没したあとは伏見の城下は衰退し、遊廓もさびれた。

慶長九年（一六〇四）、渡辺掃部《かもん》と前原八右衛門が連名して、前の年に征夷大将軍になった徳川家康に新しい遊廓の開設を申請して許可された。これが江戸時代の伏見遊廓であり、撞木町の富田信濃守の屋敷の跡地にひらかれた。

鴨川運河の伏見インクラインを左に見てすすんでゆくと、正面に大きな石碑がたっている。ここから先が遊廓であった。

往時の賑わいを語る説明の石碑もたっている。赤穂浪士をひきいる大石良雄が山科の閑居からここに来て仲間と秘密の会合をひらき、江戸入りの日時や吉良邸襲撃の方法を相談したのだという。

赤穂浪士の討ち入りはみごとに成功した。そのゆかりから、大事を企画したひとはわざわざ撞木町に来て談合をおこない、計画が成就するのを祈る習慣もうまれたという。

十返舎一九の『東海道中膝栗毛』では、撞木町の遊女を「けつね―きつね」にたとえ、きつねに化かされて三十石船の上りと下りをまちがえる筋書きになっている。

撞木町遊廓跡（しゅもくちょうゆうかくあと）
京都市伏見区撞木町
交通／京阪本線墨染駅下車、近鉄京都線伏見駅下車、いずれも徒歩10分ほど。JR京都駅から地下鉄烏丸線で竹田駅下車、市バス南8号系統にのりかえ伏見インクライン前下車、徒歩すぐ

秀吉はなぜ伏見にも城を築城した？

伏見城跡（伏見桃山城）

旧伏見城の大手門を移したという、御香宮神社の表門。重要文化財で、大手筋通に面している。

昭和38年(1963)にたてられた、伏見桃山城。
大天守閣と小天守閣をもつ連結式城郭で、
場内は歴史資料館となっている。

伏見城跡（伏見桃山城）

秀吉が伏見山の指月《しげつ》の森に築いた隠居城

伏見山が宇治川にせりだしたあたりの麓が指月の森とよばれていた。

宇治川の流れの向こうには視線をさえぎるものは何もない。丘陵といっても、それほど高い標高ではない。日照はもうしぶんなく、背後の山が北風をふせいでくれる。まことに景勝の地である。

平安遷都のあと、ながいあいだ貴族の領地であった。壮大な荘園をいとなんでいた橘俊綱は「伏見の長者」の異名でよばれた。

豊臣秀吉が指月に隠居城をつくろうとしたときから、伏見の地は大転換を余儀なくされたのである。天正二十年（文禄元・一五九二）のことだ。

このころの秀吉の書簡に、伏見の屋敷は「利休好みに造れ」と指示した部分がある。茶室ではないが、といって豪華でも壮大でもない造作であったらしく、一年後にはほぼ完成したようだ。

秀吉の本格的な城づくり

文禄三年（一五九四）、突如として秀吉は伏見の屋敷を本格的な城につくりかえるように命令を発した。

朝鮮での戦争が休戦になり、明国の皇帝の使者を講和交渉使節としてむかえる場が必要になったこと、甥の関白秀次を「暴虐」の理由で粛清して自分がふたたび政権を行使しようとかんがえたこと、そして最後に、鶴松が亡くなったあと断念していた跡継ぎの男子（秀頼）を淀君が産んだこと、などなど、状況の激変が本格的な城をつくる決意をさせたとかんがえられる。

諸国の大名に造営工事を負担させた。全国各地から巨木や巨石を運搬させた。

完成した伏見城からは満々と水をたたえる巨《お》椋池《ぐらいけ》が見通せたと推測される。淀川をさかのぼって京都に潜入しようとこころみる船があっ

御香宮の境内にある、旧伏見城から移されたという礎石。

ても、伏見城の上から見おろす秀吉の目から隠れようはなかったはずだ。

ところで、秀吉は大坂に広大で堅牢な城をもっている。それなのに、どうして伏見にも城が必要になったのか？

大坂城は大名豊臣家の私的な城、伏見城は日本の国家権力を掌握する太閤秀吉の公的な政庁、その相違である。

伏見城の西と南の一帯に大名があつめられて、それぞれの屋敷をつくった。水野左近・長岡越中・毛利長門・金森《かなもり》出雲《いずも》・井伊《いい》掃部《かもん》などの町名は、そこに屋敷をつくった大名の名にちなんでいる。

京都の聚楽第《じゅらくだい》の周辺にも大名の名をつけた町がある。伏見の城下町は京都の聚楽第を拡大したもの、そのようにもかんがえられる。

地震で大破、新たに築城のあと破壊…

だが、慶長元年（一五九六）閏七月、畿内をおそった地震によって伏見城は大破してしまう。

秀吉は勇気をふるいおこし、指月の森から伏見山の山上一帯に新しい伏見城をたてた。

だが、慶長三年八月、秀吉は再建された伏見城で没してしまう。

それから二年、秀吉の五奉行のひとり、石田三成は徳川家康の家来が守る伏見城を襲撃して落城させる。これが関ヶ原合戦の前哨戦となった。

伏見城は徳川家康や秀忠の手によって復興し、豊臣家をほろぼすまで、畿内における徳川家の拠点になった。

三代将軍の家光の将軍宣下のあと、伏見城は徹底的に破壊され、跡地に植えた桃の木が繁ってきて、いつのまにか「桃山」の名でよばれるようになった。

現在、「伏見桃山城」とよばれているのは昭和になってからたてられたものである。

伏見桃山城（ふしみももやまじょう）
京都市伏見区桃山町大蔵45
※城内は、桃山文化史館として桃山時代の資料が展示されている
電話／075・611・5121
開館時間／午前9時30分～午後5時（季節によって変更あり）。休日以外の水曜日と12月31日は休園。
料金／600円（休日は800円）
交通／JR京都駅から地下鉄烏丸線より近鉄京都線にのりつぎ丹波橋駅下車、徒歩15分。京阪丹波橋駅下車、徒歩15分。JR奈良線桃山駅下車、徒歩10分

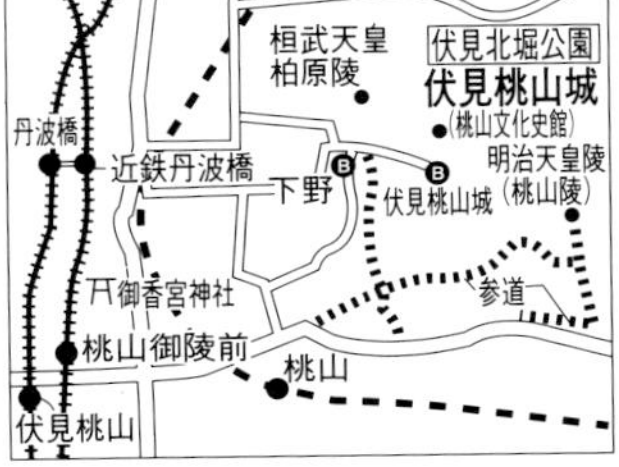

明治天皇に殉死した乃《の》木《ぎ》希《まれ》典《すけ》夫妻が祭神

乃木神社

乃木神社の拝殿。同社は、乃木大将の死から５年目に有志によりたてられた。

境内に復元された、旅順攻撃のときに乃木大将の司令部となったという中国風の宿舎。

清らかな聖水に感謝する社

御《ご》香《こう》宮《のみや》神《じん》社《じゃ》

徳川頼宣の寄進とつたえる拝殿から、徳川家康の再建とつたえる重要文化財の本殿を拝する。

西南戦争で軍旗をうばわれた乃木希典《のぎまれすけ》

旧伏見城の本丸の跡地に明治天皇の陵墓の伏見桃山陵がある。

伏見桃山陵を見上げる位置にたてられているのが、明治天皇に殉死した陸軍大将乃木希典と夫人の静子を祭神とする乃木神社だ。

明治四十五年（一九一二）九月十三日に明治天皇の大喪がおこなわれた。その十三日に乃木大将と夫人は自宅で殉死した。

しばらくして遺書が発表され、殉死にいたった乃木大将の心境があきらかになった。

明治十年の西南戦争で乃木希典は、指揮する歩兵第十四連隊の軍旗を敵の西郷軍にうばわれた。天皇の分身ともいうべき軍旗を敵軍にうばわれたのは死に価する失態だと思い、死を願ったが、天皇に慰留された。

それからというもの、戦争に出るたびに死を期したが、死ぬ機会はえられなかった。

日露戦争の激戦では、旅順要塞の攻撃で多数の部下の将兵を死なせたにもかかわらず、自分は死ねなかった。

明治天皇に殉死

死のう、死のうと思いつつ、ついに天皇の死が先になってしまった。いまはもう、わたくしの死を留める天皇はおいでにならない。だから殉死する――これが乃木大将の殉死の心境であった。

明治天皇と乃木大将の死から五年目に、有志によって乃木神社がたてられた。乃木大将は、いまでも明治天皇を見上げている――そういう設計になっている。

乃木大将の遺品が保存展示されているほかに、旅順攻撃のときの大将の宿舎が復元されている。

乃木神社（のぎじんじゃ）
京都市伏見区桃山板倉周防町32-2
電話／075・601・5472
料金／参拝自由
交通／JR奈良線桃山駅下車、徒歩10分

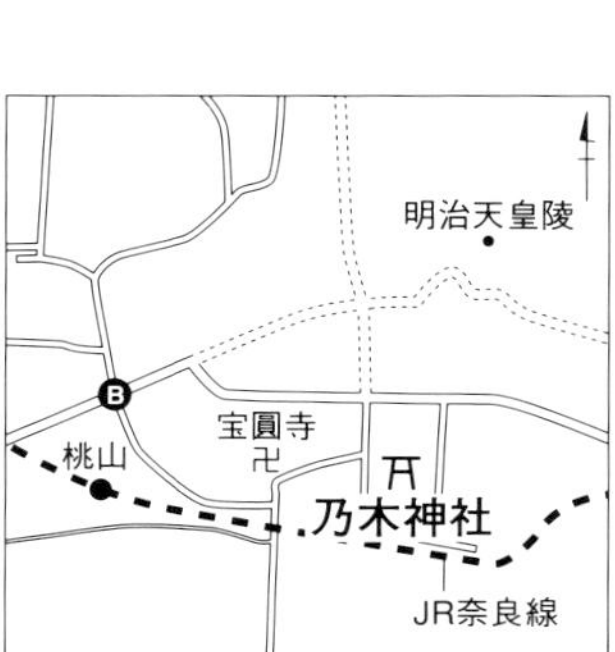

聖水伝説

京阪電車の「伏見桃山」か近鉄電車の「桃山御陵前」で下車し、西へゆけば伏見の繁華街の大手筋、東へゆくと左手に御香宮神社がある。まっすぐすすむと旧伏見城(伏見桃山城)になる。

清和天皇のころ、ここに清らかな泉が湧いていた。この泉の水をのむと重病人でも平癒する奇蹟がつづいておこったので、聖水に感謝する社をたてた。それが御香宮神社のはじまりだという伝承がある。創始にちなむ伝承はほかにもある。

本殿わきに新しく掘られた御香水があり、聖水伝説にちなむ名水として、おおくのひとに親しまれている。

室町時代には、伏見荘の鎮守としてあつく崇敬されていた。猿楽や風流、相撲などもおこなわれ、遊楽と自治の拠点でもあった。

秀吉が移転、家康が元に…

豊臣秀吉が伏見城をつくったとき、御香宮神社は大亀谷《おおかめだに》に移転させられた。伏見城大手門の筋にあったから邪魔になったわけだが、ふるくからある神社を移転するとは乱暴なはなしである。

徳川家康が天下をとってから、御香宮神社は元の位置にもどされた。

御三家の祖が伏見で誕生したこともあって徳川の宗家をはじめ、幕府関係の寄進はゆたかであった。伏見城の大手門を移築したとつたえられる表門は、水戸家の祖の頼房の寄進といわれる。

表門をくぐった左手、円柱形の石碑は天明五年(一七八五)に伏見奉行の非道を幕府に訴えて入牢させられ、江戸の牢内で落命した文珠九助《もんじゅくすけ》などを顕彰している。

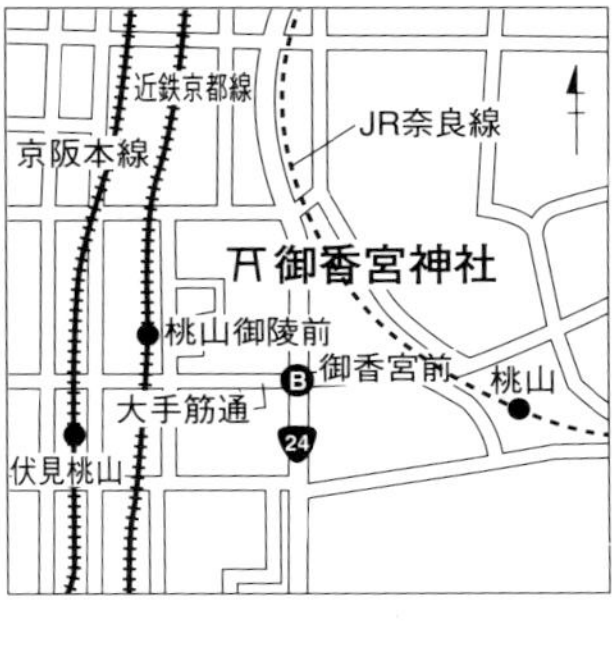

御香宮神社(ごこうのみやじんじゃ)
京都市伏見区御香宮門前176
電話/075・611・0559
拝観/午前10時~午後4時
料金/境内自由、石庭は200円
交通/JR奈良線桃山駅下車、徒歩6分。近鉄京都線桃山御陵前駅下車、徒歩5分。京阪本線伏見桃山駅下車、徒歩6分。JR京都駅から地下鉄烏丸線・近鉄京都線で竹田駅下車、市バス南8号系統にのりかえ御香宮前下車、徒歩すぐ

ゆたかな水と米を利用した酒造

伏見の酒（大倉記念館）

濠川（ほりかわ）ごしに見た月桂冠大倉記念館周辺。

地下水の豊富な伏見の地

伏見という地名は難読の部類にはいるかもしれない。伏見という字についても、いろいろと説がある。

『一挙博覧』という随筆ではつぎのような理論が展開されている。難波の三津八幡のあたりをむかしは伏見といい、奈良の菅原が伏見とよばれたことがあり、平安京の伏見は現在の伏見である。都を「伏して拝む」場所をフシオガミといい、略してフシミなのだから、字に書くならば「伏拝」が正しいのである、と。

「伏水」と書いた記録もすくなくない。地下水が豊富だから、「地下に伏している水」の意味で伏水と書いたのだろう。

たしかに地下水はゆたかであった。

その地下水が所々に湧出して稲作の実りをよくしていたから、米どころでもあった。ゆたかな水と米を利用した酒造業なのである。

伏見の生産と暮らしの中心は御香宮神社、その御香宮に、江戸時代のはじめにはすでに伏見酒座が所属していた。

酒座の一員でなければ酒造できなかったのであり、それは酒造の自由競争を排除する意味をもっていたのだから、酒造量はかなり多かったわけだ。

明治42年の酒蔵を改築したという、月桂冠大倉記念館。館内には、京都市有形民俗文化財に指定された酒造りの道具などが展示されている。

伏見奉行も酒造米の増産を政策としてかかげ、寛永のはじめには四千石ほどの増産があったと記録されている。

まさに官民こぞって酒造量拡大に邁進《まいしん》していたわけだが、まもなく幕府は、米価を調節する必要から、酒造業者の「株制度」を創始して酒造を制限する政策を基本とするようになった。

伏見では明暦三年（一六五七）に株制度が施行され、八十三軒の造酒屋が株をもち、株数に応じた量を酒造できることになった。ただし、その年々の米作の豊凶に応じて酒造量が制限されるのはいうまでもない。

伏見のほかでは、造酒屋の仲間が酒の販売をうけもち、いわば酒造業界ぐるみで酒を売るのがふつうであった。

だが、伏見では、大坂や京都の大消費地に酒を売りこめない状況に苦しんでいたので、伏見の小売り業者を育成し、仲間を結成させて販売を委託する方法をとるようになった。製造と販売とを分業としたわけだ。

元禄以降の沈滞の後、現在は全国第二位に

智慧のあるやりかたとして評価されるのだが、それも元禄のころに近江から安価な酒が京都におしよせてくるまでの、短期に終わった。少量ながら京都に売られていた伏見酒は近江酒に取って代わられたのである。

江戸の中期から幕末まで、伏見の酒造業は沈滞していた。天明八年（一七八八）の記録では、伏見の造酒屋はわずかに七軒、それも大規模酒造者の寡占《かせん》ではなく、七軒すべてがほそぼそと酒をつくっている状態であった。

七軒のうち、笠置屋《かさぎや》（現・大倉酒造）と鮒屋《ふなや》（現・北川本家）の二軒だけが明治まで生きのこった。

鉄道の開通にともない、東京から関東地区への販路拡大という起死回生の策が功を奏したこともてつだって、灘についで第二位のシェアを占めるまでになった。

月桂冠大倉記念館（げっけいかんおおくらきねんかん）
京都市伏見区南浜町247
電話／075・623・2056
開館時間／午前9時30分〜午後4時30分。月曜日・盆・年末年始は休館
料金／300円
交通／京阪本線中書島駅下車、徒歩5分。京阪本線伏見桃山駅・近鉄京都線桃山御陵前駅下車、徒歩10分

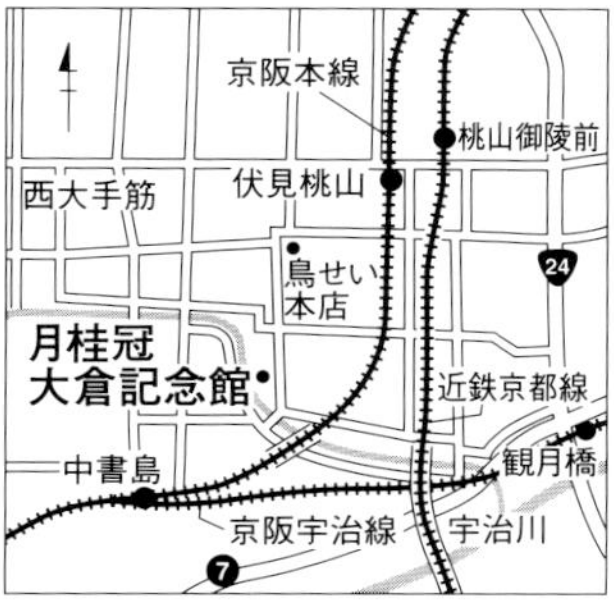

伏見は港湾都市だった?

伏見みなと公園

伏見みなと公園からの濠川(宇治川派流)の眺望。京都の南の伏見は高瀬川の完成以後、京都と大阪・江戸をむすぶ大量水運の中継地として繁栄した。

坂本龍馬が馴染みの客

寺田屋

寺田屋。文久２年(1862)の寺田屋事件、さらには土佐藩の坂本龍馬の定宿になっていたことで有名。

伏見寺田屋殉難九烈士之碑。

伏見みなと公園

賑いをみせた大坂へ通う船の港

港湾都市という言葉で大坂や江戸、名古屋を連想するひとはあっても、京都を思うひとはすくないだろう。

だが、京都の南の伏見はまぎれもない港湾都市であった。

秀吉がたてた伏見城は豊臣家の滅亡のあとで破壊され、伏見は城下町の機能をうしなうが、高瀬川の開通（慶長十六・一六一一年）によって京都と大坂をむすぶ大量水運の中継地として復活する。港町伏見の繁栄は、秀吉の城下町であったころよりもはるかに高い数字でしめされるにちがいない。

高瀬川ができるまで、京都から伏見への輸送は陸路にかぎられ、伏見から大坂までが水路輸送であった。高瀬川の開通によって京都と大坂が水路でむすばれることになった。

京都から江戸への荷物も…

高瀬川と宇治川の合流点に架けられていたのが京橋だが、その京橋について、『山城名迹巡行志』という書物はこう記述する。

「大坂へ通う船の港である。下流は宇治川の分流となる。京橋の長さは二十二間。西国大名の旅館、土民の旅宿、京都と江戸を往来する荷物問屋がここにある」

京都と江戸を往復する荷物問屋という表現に注意していただきたい。伏見は、京都と大坂だけではなく、京都から江戸への水路輸送の拠点でもあったのだ。

宇治川と高瀬川の合流点から伏見の町のなかへ、何本もの掘割がほられて乗客を扱い、伏見酒などの荷物の揚げ下ろしの施設になっていた。現在の伏見の光景はこの掘割なしには語れないのである。

伏見みなと公園（ふしみみなとこうえん）
京都市伏見区霞島金井戸町
交通／京阪本線中書島駅下車、徒歩4分
※伏見港公園の西どなり、濠川（宇治川派流）沿いが整備され、伏見みなと公園となっている

「寺田屋事件」の悲劇

三十石船で大坂へゆくひとのために船の切符を買って席を確保する、大坂からの船旅で疲れたひとを休ませる、それが伏見の船宿であった。伏見の街には何本もの掘割が掘られ、掘割にそってたくさんの船宿がならんでいた。主人の名を寺田屋伊助という寺田屋もそうした船宿の一軒で、文久二年（一八六二）四月の寺田屋事件の場、さらには土佐藩の坂本龍馬の定宿になっていたことで有名だ。

薩摩藩尊攘派の有馬新七、久留米の神官の真《ま》木《き》和泉《いずみ》、中山家の家臣の田中河内介などは島津久光の上京を好機として尊攘のクーデターを計画し、寺田屋に同志をあつめていた。

だが、尊攘にたいして否定的な久光は有馬派の粛清を決意、大山綱良など八名の鎮撫使《ちんぶし》を派遣した。

寺田屋の話し合いは決裂、双方が刀をぬいての切り合いになった。尊攘派の有馬新七、柴山愛次郎など六人が戦死、二名が負傷がもとで落命。鎮撫側は道島五郎兵衛が戦死。

この事件によって薩摩藩と寺田屋の関係はかえって深くなり、薩摩藩の紹介で坂本龍馬が馴染みの客になった。

船宿の寺田屋は客を宿泊させる旅館ではないが、寺田屋の女将の登勢《とせ》と龍馬のあいだには意気の通じるものがあり、数日にわたって宿泊することもあった。

慶応二年（一八六六）一月二十三日の夜、寺田屋にとまっていた龍馬は幕吏の襲撃をうけるが、恋人お龍の機転で窮地をのがれ、ちかくの薩摩藩伏見屋敷へ身をかくした。東堺町の薩摩藩屋敷、薩摩藩の祈願所の大黒寺、そして寺田屋の関連に注目したい。

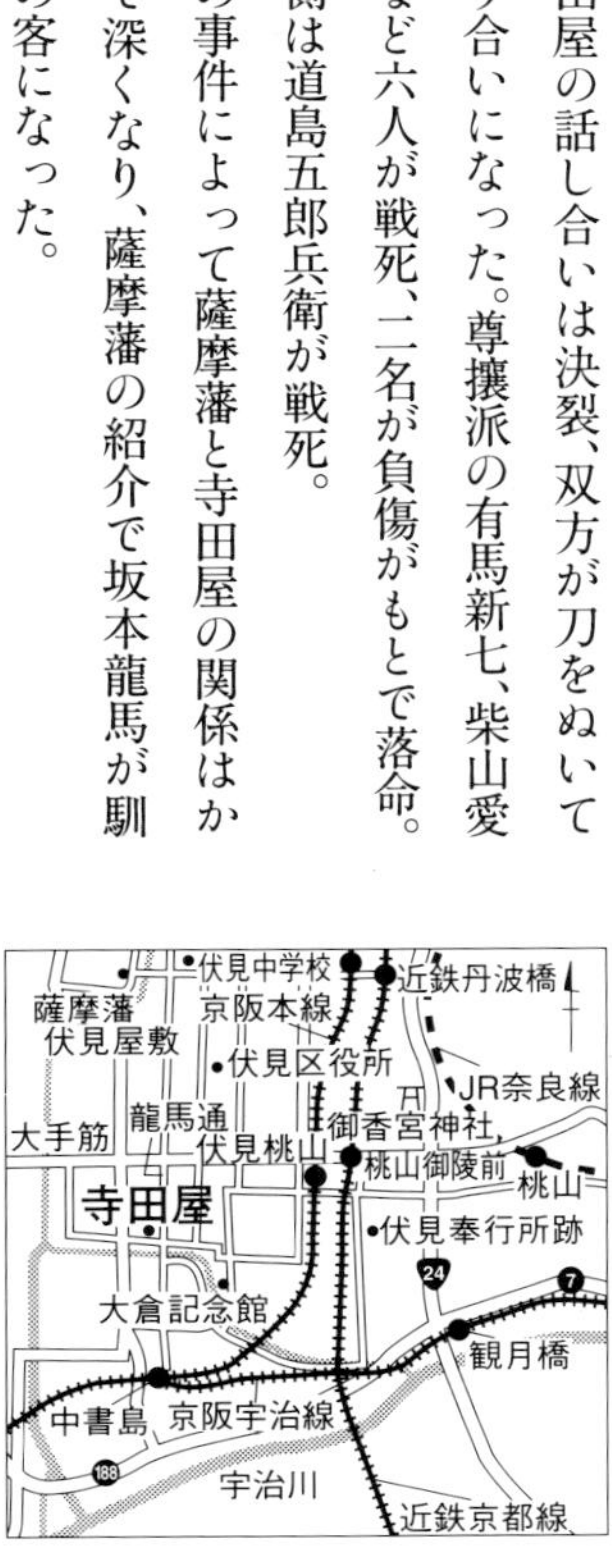

寺田屋（てらだや）
京都市伏見区南浜町263
電話／075・611・1223
見学受付時間／午前10時〜午後3時40分。1/1〜3、オフシーズンの月曜日（祝日はのぞく）は不可
料金／400円
交通／京阪本線中書島駅下車、徒歩6分

旅ゆくひととの惜別の習慣

城南宮

ふるくから方除けの神社として信仰をあつめてきた城南宮。
名神高速道路の京都南インターチェンジという近代的な風景
と隣接しており、そのきわだった対照に深い印象をうける。

京都南インターチェンジが目じるし

東寺の南門から京阪国道(国道1号)をまっすぐに南下し、名神高速道路の京都南インターチェンジをくぐると、左手に、突如として、というように鬱蒼《うっそう》たる森があらわれ、鳥居が見えてくる。

国道や高速道路、インターチェンジといった〈近代そのもの〉と城南宮との、きわだった対照に深い印象をうける。

国道をはさんで西側にお菓子屋さんがあって、お餅(おせき餅)が名物だ。そのむかし、旅ゆくひとと、見送るひとがここまで一緒にきて休憩し、一杯のお茶とお餅をいただいて、たがいの無事を祈り、北と南へ別れたものだそうだ。

自動車がひっきりなしに通ってゆくのを見れば、旅ゆくひとのお別れなんていう感傷は現代では縁遠いような気もするが、そういったものでもない。ハンドルをにぎるひとの背に、国道にまたがる歩道橋のうえから「気をつけて」と声をかけたくなるのだ。

城南宮はふるくから方除《ほうよ》けの神社として信仰をあつめていた。旅ゆくひととの惜別の習慣も、方除けの信仰からうまれてきたものだろう。

国常立尊《くにとこたちのみこと》・息長帯姫命《おきながたらしひめのみこと》・八千戈神《やちほこのかみ》(大国主命)が祭神だが、創建の時期となると諸説があって確定しがたい。

ふるくから城南寺という寺があり、そのお寺の鎮守として創建されたという説と、平安遷都のときに王城守護の社としてたてられたとする説がある。

そのほか、白河天皇と鳥羽天皇によって鳥羽離宮(鳥羽殿)がたられたときに離宮の鎮守として創建されたのだとして、創建の時期を新しくする説もある。

いずれにしても、鳥羽離宮ができたあとは城南宮と離宮とを、さらに城南宮と城南寺とを組み合わされたものとしてかんがえるのが妥当だろう。離宮の敷地は広大であって、離宮のなかに鎮守の城南宮が、城南宮のなかに城南寺があったと思われる。

鎌倉幕府打倒をめざした後鳥羽上皇

はじめのうちは九月二十日に例祭があり、白河天皇も鳥羽天皇も臨幸して流鏑馬《やぶさめ》や競馬《くらべうま》を天覧した。京都に発生した悪神や悪霊を追い払う御霊会《ごりょうえ》がおこなわれていたが、これはもともと城南寺の行事であったようだ。

鳥羽の離宮は武家政権の監視をのがれた、比較的に自由な環境であったらしく、後鳥羽上皇は「城南寺の流鏑馬」の名目で味方の武士をあつめ、鎌倉幕府打倒の戦術を練ったといわれる。

大和や山城、丹後や但馬など十四ヵ国からあつまってきた兵はおよそ千七百をかぞえ、藤原清範が味方の軍の着到を記帳する役目をひきうけたという記事が『承久記』に出ている。

後世、偽装された流鏑馬の光景に託して俳人の与謝蕪村は、「鳥羽殿へ　五六騎いそぐ　野分けかな」の句を詠んだ。後鳥羽上皇が鎌倉幕府執権の北条義時を追討せよと院宣をくだしたのは承久三年（一二二一）の五月のことだ。

上皇の倒幕が失敗したあと、城南宮は衰退し、長期にわたって沈滞していたようだ。

幕末の文久三年（一八六三）、孝明天皇が石清《いわし》水八幡宮《みずはちまんぐう》へ攘夷祈願の行幸をしてから、復活の気運が高まった。天皇は城南宮に参詣してから石清水八幡宮へむかったのである。

城南宮や城南寺、鳥羽離宮にゆかりの祭礼も復活した。

四月二十九日と十一月三日には「曲水の宴」がおこなわれる。本殿の横の庭園の遣り水《やみず》のほとりで、流れに酒盃を浮かべて流し、つぎの盃がくるまでに歌を一首詠んで盃をほすという、優雅な歓楽である。

城南宮（じょうなんぐう）
京都市伏見区下中島宮ノ後町
電話／０７５・６２３・０８４６
拝観／午前9時～午後4時30分
料金／参拝自由。楽水苑＝４００円
交通／JR京都駅から地下鉄烏丸線で竹田駅下車、市バス南1、南2、南3系統か京阪シティバス23系統などにのりかえ城南宮東口下車、徒歩5分。JR京都駅から市バス19系統（烏丸中央口がわのバスのりば）、京阪シティバス21系統（八条口側のバスのりば）で城南宮下車、徒歩すぐ

極楽を模した広大な離宮

鳥羽離宮跡公園・安楽寿院

鳥羽上皇・豊臣秀頼にゆかりの寺、安楽寿院。現在の安楽寿院は、塔頭の前松院が名跡を継承している。

近衛天皇安楽寿院南陵。本坊の南に位置する。

鳥羽離宮跡公園。かつては安楽寿院を含む広大な面積だった鳥羽離宮の一部が、公園として整備・保存された。

袈裟と盛遠との悲恋

恋塚寺

恋塚寺の参道。同寺は、出家前の文覚上人・盛遠の恋人だった袈裟御前を弔うために建立されたと伝わる。

鳥羽離宮跡公園・安楽寿院

白河天皇、鳥羽天皇がつくった大苑池

国道1号と名神高速道路の交差する地点の左前方が城南宮、右前方が鳥羽離宮（鳥羽殿）である。

城南宮には交通安全の祈禱をしてもらう自動車がつめかけているが、離宮は室町時代に衰退をきわめて廃止され、跡地が公園として整理されている。

白河天皇は白川（岡崎）の広大な地に法勝寺をはじめとする六つの大寺——六勝寺をたて、佛法隆盛の聖地とした。

鳥羽天皇への譲位をまえにして白河天皇は鳥羽に後院を造営した。これが鳥羽の離宮である。工事が完成するのは鳥羽天皇の代だから、白河と鳥羽の両天皇は白川と鳥羽に巨大な建造物群を二ヵ所も造営したわけだ。

白川は佛法の聖地、これにたいして鳥羽の離宮は現世の快楽を演出し、味わう場、そういった対比をかんがえていいだろう。

鴨川流域の水郷の地形を利用して、「大海のようだ」と評された苑池が造成された。水鳥が飛び交うなか、皇族貴族が船に乗ってあそぶという、まさにこの世の極楽を模していた。

建造物は南殿・北殿・東殿に大別され、南殿には証金剛院、東殿に安楽寿院《あんらくじゅいん》というように、それぞれに御堂が付設された。

築山は「秋の山」と名づけられ、いまでも公園の北部に遺構がのこっている。

鳥羽上皇が鳥羽殿の東殿に阿弥陀三尊像を安置し、本御塔《ほんみとう》（三重塔）などをたてたのが安楽寿院のはじまりである。中世に衰微したが、豊臣秀頼の寄進によって復興した。

現在の安楽寿院は塔頭の前松院が名跡《みょうせき》を継承している。

鳥羽離宮跡公園（とばりきゅうあとこうえん）
京都市伏見区
交通／市バス19系統で城南宮下車、徒歩3分

安楽寿院（あんらくじゅいん）
京都市伏見区竹田内畑町
電話／075・601・4168
拝観／午前9時〜午後4時30分（本尊の拝観は要連絡）
料金／志納
交通／地下鉄烏丸線・近鉄京都線竹田駅下車、徒歩10分

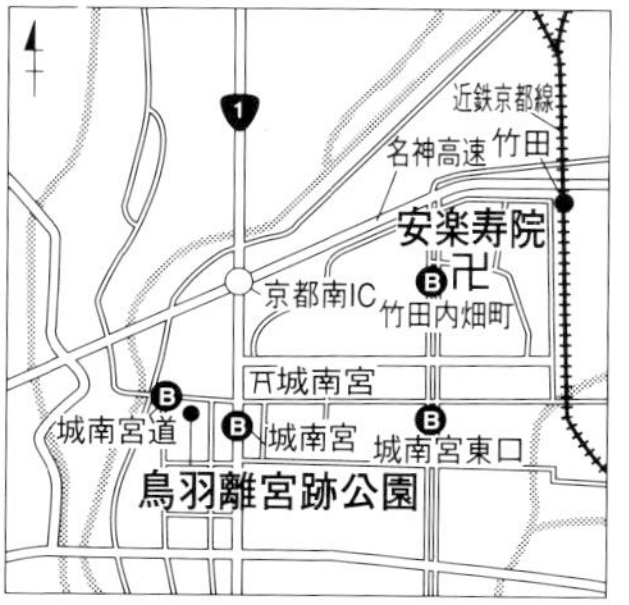

激情のひと、文覚上人《もんがくしょうにん》

源平合戦のころの勇者のひとり、それが文覚上人である。文覚がいなければ源頼朝が平家打倒の戦いに腰をあげたかどうか、わからない。それくらい重要な役割をはたした。

激情のひとである。

文覚の前身は上西門院（後白河法皇の准母）の北面の武士、遠藤盛遠《もりとう》であったという。このあたりまでが事実、同僚の源渡《わたる》の妻の袈裟御前《けさごぜん》に惚れてしまった、というあたりから伝承の世界に変わるらしい。

強引な口説きに負けた袈裟は、「寝ているうちに夫の首を斬ってくださるならば」と、途方もない条件をもちかけた。

約束の夜、盛遠は夫婦の寝所にしのんでいって渡の首を斬った――と思ったが、じつは袈裟が夫に扮して寝ていたのであった。盛遠も渡も、袈裟の母も、三人ともども出家して袈裟の菩提を弔う。

袈裟へのあふれてやまぬ慕情

洛北の高雄で激しい修行をしていた文覚は、はるか南、袈裟の遺体を埋めた鳥羽の墓をながめ、あふれてやまぬ慕情をこめて「恋塚」と名づけた。これが恋塚寺《こいづかでら》の縁起として有名になり、浄瑠璃『鳥羽恋塚物語』に仕立てられた。

袈裟の墓だという恋塚をしっかりと観察すると、南北の線から逸れているのがわかってくるはずだ。

袈裟御前も文覚上人こと遠藤盛遠を慕っていた。切なくも熱い袈裟の恋情をかなえてやるべく、恋塚の正面が文覚の墓がある高雄の神護寺に向くように立ててあるのだそうだ。

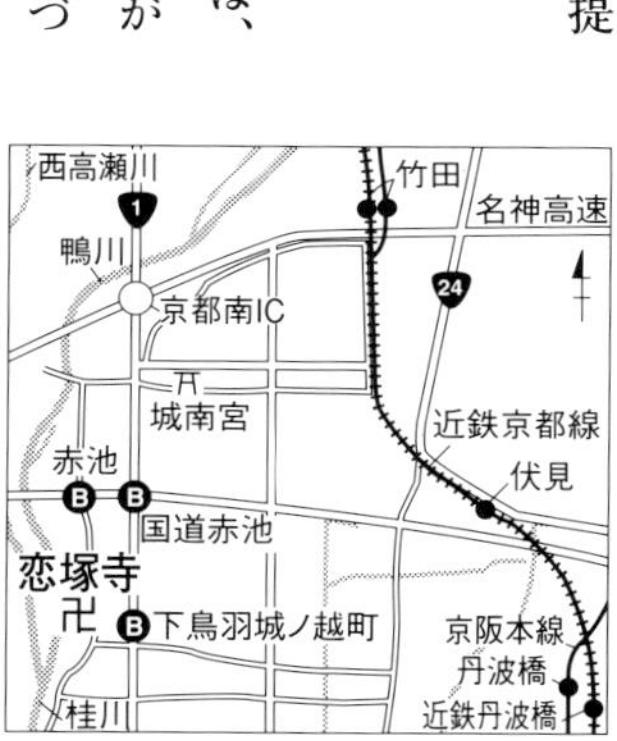

恋塚寺（こいづかでら）
京都市伏見区下鳥羽城ノ越132
電話／075・622・3724
拝観／日中随時
料金／志納
交通／市バス19系統で下鳥羽城ノ越町下車、徒歩3分

石《いわ》清《し》水《みず》八幡宮

「男山」に鎮座する源氏の氏神

石清水社。石清水信仰のもととなった清泉が、今なお岩間から湧き出ている。摂社の一つで、天御中主命(あめのみなかぬしのみこと)が祀られている。

神馬舎の神馬。

南総門から本殿を拝する。

豊後の宇佐《うさ》の八幡神を男山に勧請《かんじょう》

木津川の湾曲にかこまれ、こんもりと盛りあがっている光景の印象が強いので「男山」の名がついたらしい。平安京の西南、つまり裏鬼門であるうえに桂・宇治・木津の三川が合流して淀川となる水上交通の要《かなめ》、それにくわえて大和と丹波をむすぶ山陰道もここを通っている。水陸交通の要衝であった。

この男山にふるくから石清水寺という名の寺があった。男山の中腹から湧き出る清水を聖なる水として崇敬する姿勢が、石清水寺信仰の柱になっていたのだろう。

奈良の大安寺の行教が宇佐の八幡神に参詣したときに八幡大菩薩の神託があり、「われを山城の男山に祀《まつ》れ」と啓示されたのが貞観元年（八五九）だという。

石清水寺に八幡大菩薩を勧請するかたちで石清水八幡宮の歴史がはじまった。

菩薩というのは佛教の用語で、佛陀となるのを理想として修行するものの総称である。悟りを得るまえの釈迦も菩薩である。神佛習合のしきたりでは、佛に擬せられた神を菩薩ということになっている。その典型が八幡菩薩だ。

宇佐から男山に勧請されたとき、八幡神はすでに佛教の神としての菩薩であったのだ。石清水寺は護国寺と改称され、石清水八幡宮を運営する主体となった。こういう種類の寺を神宮寺という。

八幡神は「繁栄」「増殖」の強烈なメッセージを発信する神だから、円融天皇をはじめとする歴代の天皇の行幸、参詣があり、伊勢神宮につぐ宗廟として崇敬された。

河内源氏の祖の源頼信《よりのぶ》が祭文をささげたのは永承元年（一〇四六）のことで、これから八幡神は源氏の氏神となり、源氏の勢力が地方に伝播《でんぱ》するのにつれて、八幡信仰も全国にひろがっていった。

頼信の孫の義家《よしいえ》は石清水八幡宮の社前で元服の式をあげた。八幡神の申し子であるという理屈から、義家は八幡太郎の異名をもつことになった。「八幡－源氏－強力」のイメージ連合がこうしてできあがってゆく。

義家の曾孫の頼朝が平家との競争に勝ち抜き、ついに鎌倉に武士の覇府をうちたてる。鎌倉幕府の権威をささえる武神として建立されたのが鶴岡八幡宮《つるがおかはちまんぐう》である。

足利氏の台頭とともにさらに発展

鎌倉の幕府をたおして京都の室町に幕府をたてたのが足利氏である。このときから、石清水八幡宮は全盛期をむかえる。室町幕府では社寺一般は社寺奉行が管轄したが、石清水だけは別格の扱いとされ、男山奉行が政務を処理した。

社殿の屋根の雨水をうける樋ははじめは木樋であったが、これを織田信長が唐金で鋳造したものに替えたのは事実だそうだ。こういうことも、「男山八幡は富裕」の印象を裏付けてきた。

徳川幕府は江戸に開設されたから将軍の参詣はなかったけれども、坊のひとつの豊蔵坊は幕府の祈祷所として裕福をほこり、そのほかの多くの坊も寺領を安堵《あんど》されて財政的には余裕があったと思われる。

幕末、勢いづいた尊攘派は孝明天皇が石清水に攘夷を祈願、行幸する計画をたてた。天皇の供奉の名目で将軍家茂《いえもち》にも参詣させ、攘夷を誓わせてやろうというのが狙いである。

氏神の八幡神に源氏の徳川将軍が誓った以上は、なにがあっても決行しなければならない。誓ったあとで中止などしては、その後は八幡神の権威を借りることはできない。

天皇は男山にのぼって八幡神に祈願をささげたが、将軍家茂も、後見の一橋慶喜《よしのぶ》も、山の下で天皇をお待ちすると称して、登らなかった。

石清水八幡宮（いわしみずはちまんぐう）
京都府八幡市八幡高坊30
電話／075・981・3001
拝観／午前6時～午後6時（季節によって変更あり）
料金／参拝自由
交通／京阪本線八幡市駅下車、男山ケーブル男山山上駅より徒歩5分（ケーブルは15分おき、乗車時間は約5分）

八角堂・松《しょう》花《か》堂《どう》

八角堂。もとは石清水八幡宮の境内にあったが、明治の神仏分離の際に現在地に移された。

寛永の文化人、松花堂昭乗が建立した茶室や客殿、庭園なども明治時代に現在地に移され史跡松花堂として公開されている。写真は、もともとの跡地に立つ石碑。石清水八幡宮の境内にある。

朝鮮通信使が下船し、江戸へむかった跡

唐《とう》人《じん》雁《がん》木《ぎ》の碑

水辺の地が陸地になるなど、淀の地は長い時間をかけて変質してきている。この碑があった場所はその昔は桂川で、家康がまねいた朝鮮通信使は、ここから上陸したという。

八角院と善法寺祐清《すけきよ》

建保のころ（一二一三〜一九年）、検校《けんぎょう》の善法寺祐清が八幡宮の境内の西谷、自坊のそばに八角堂を建立した。

本尊の阿弥陀如来は一光千佛阿弥陀の名がある。明治のはじめの神佛分離令によって現在地にうつり、正法寺の境外堂宇として管理されている。

本堂の正方形の建物の四隅を切って八角になっているから八角堂、八角院の名がある。はじめの本堂は大破し、現在のものは豊臣秀頼が寄進したものだという。

八角堂は西車坂古墳にあるが、むかいの東車坂古墳に松花堂がある。

泉坊と松花堂昭乗《しょうかどうしょうじょう》

石清水八幡宮にあった宿院の泉坊のそばに松花堂昭乗が建立したお堂である。

昭乗は堺の出身。わかいころに八幡宮にのぼり、滝本坊の実乗に真言密教をまなび、寛永（一六二四〜四四年）のはじめに滝本坊の住持となった。

その後、滝本坊の焼失という悲運にみまわれ、泉坊にうつった。自坊のそばにたてた松花堂の佛間には師の滝本坊実乗の自画像をかけ、朝夕の勤行をおこたらなかったという。

寛永文化、寛永の文化人という言葉があるが、昭乗はまさに寛永文化人のひとりであった。近衛信尹《のぶただ》、本阿弥光悦、松花堂昭乗は「寛永の三筆」と尊称される書の名手。風雅を共にしたものとして小堀遠州、林羅山、石川丈山、木下長嘯子《ちょうしょうし》など、豪華である。

松花堂の建物、泉坊の客殿と庭園が明治のなかばに現地にうつされ、八幡市の管理になっている。

八角堂（はっかくどう）
京都府八幡市八幡大芝
※現在、八角堂は正法寺の境外堂宇となっている。建物の内部は公開していない
電話／075・981・0012（正法寺）
交通／京阪本線八幡市駅・樟葉駅から京阪宇治交通バスで大芝松花堂前下車、徒歩すぐ

松花堂庭園（しょうかどうていえん）
京都府八幡市八幡女郎花79
※園内には庭園・茶室・史跡松花堂・八幡市立資料館がある
電話／075・981・0010
拝観／午前9時〜午後4時。第一月曜と翌火曜日、年末年始は休園
料金／350円
交通／大芝松花堂前バス停から徒歩

木の階段の造りが「雁木《がんぎ》」に似ていた

長いを時間をかけて淀は変質した、いや、変質させられたというべきだろうか。

京阪電車「淀」駅のすぐまえに与杼《よど》神社があるが、これはもともと桂川の西岸の水垂《みずたれ》にあり、京都の外港の淀（与杼）の水上交通の安全をまもる神として信仰されていた。

水辺の地がいつのまにか陸地になっている――そんな光景を見せつけられてきた淀ではあるが、その動きが停止したときもあった。たとえば、古代・中世の京都の外港であった納所《のうそ》は江戸時代になっても港湾としての機能をたもっていたことが、一本の石碑によって推察される。

宮前橋のたもとから五十メートルほど下流、堤防から納所におりてゆく坂道に、「唐人雁木《とうじんがんぎ》旧趾」としるした石碑があるのがそれである。

秀吉の出兵による朝鮮での戦争は秀吉の死によって中断し、徳川家康の手によって日本軍は撤退する。

政権掌握の体制をととのえた家康は朝鮮国の政府の使者を江戸にまねく交渉をはじめ、朝鮮通信使の来日が決定した。

大坂から淀川をのぼってきた通信使の一行は淀川から桂川にはいり、納所で上陸して陸路を京都にむかう。このころの三川合流点はいまよりももっと北であったのだ。

そして「雁木」というのは、船から陸にあがる階段の造りが「雁木」に似ているところから名がついたものだ。冬の雁が群れをくんで北へ渡ってゆくとき、斜めの段々の隊形、いわゆる雁行形になる。あのかたちに似ているから「雁木」と名づけたらしい。

唐人雁木の碑（とうじんがんぎのひ）
京都市伏見区納所町
交通／京阪本線淀駅から徒歩6分

三川合流の地にくり広げられた歴史

淀・淀城跡

淀城の本丸跡の石垣。現在は、石垣と内濠の一部が残されているのみである。

写真左上／淀城址の石碑。

写真左／内濠。鬱蒼とした雰囲気が年月を感じさせる。

淀城址

三川《さんせん》合流の深刻な「淀《よど》み」状態

淀でいちばん新しい人工物というと、なにが連想されるだろうか。

規模の大きさからいうと中央競馬会の淀競馬場がある。それにつづいては、桂川と宇治川をわたる京都第二外環道路と鉄橋ということになるだろうか。

明治四十三年（一九一〇）に大阪の天満橋と京都の五条のあいだに開通した京阪電車は最新技術の結集であったのだろうが、いまでは、いかにも古い印象が否《いな》めない。

古い印象の原点、それはたぶん、陸地ではくねくねとカーブをつづけ、川の流れにたいして直角につっこんでゆく光景に由来するのだろう。

川の流れに直角で橋を架ければ橋柱の数は少なくなり、水の流れの圧力を弱められる、そういう発想ではないかと、これは八幡の男山の展望台から観察した印象だ。

淀の歴史は水との戦いの歴史であったといっていい。もちろん、水は恵みでもあるが、恵みよりは苦痛を強いられることのほうが多かった事実が、たとえば「淀」という地名にもひそんでいる。

川が三本もあって、淀のすぐ下流で合流する。ということは、桂川は桂川だけの事情では増水も減水もしないということだ。

木津川の上流の山城南部や伊賀に大雨がふれば、木津川は増水し、桂川にたいする厚い水の壁となる。ここへ宇治川の事情――琵琶湖と琵琶湖周辺の降雨状況――が加わって「淀みの状態」はますます深刻になる。

さて、淀といえば淀君――多くのひとがこのように連想なさるはずだ。

淀川流域の中州の納所《のうそ》に、室町時代から城があった。館程度のものであったろう。

本能寺の変のあと、明智光秀は淀の城に軍をおいて羽柴秀吉との戦闘にそなえたが、敗北し、淀の城は秀吉の手に落ちた。

天正十七年(一五八九)春、秀吉は淀城を修築させ、淀君の産所とした。五月二十七日に淀君は男子の鶴松を産み、八月のすえに大坂城にうつった。

文禄三年(一五九四)に伏見城の建設がはじまり、淀城の機能はすべて伏見城にうつされることになって、破却された。

徳川幕府と淀城

元和九年(一六二三)、その伏見城も破壊され、徳川幕府によって新しい淀城の築城がはじまった。北に淀川、南に巨椋池《おぐらいけ》をひかえる水辺の城である。西と北に水車を設置して淀の水を城内に引き入れていた。

淀の川瀬の水くるま
だれを待つやら　くるくると

伏見城の遺構を再利用した堅牢そのものの築城であり、櫓は三十八、門は二十以上もあった。

京都の南の入口を制する要所として淀城は重要視され、大坂城代や京都所司代に相当する有力大名が封じられた。

最後の城主は稲葉正邦である。鳥羽伏見の戦争でやぶれて敗走してきた旧幕軍は淀城にはいって最後の抵抗をしようとしたが、淀城の留守居役はなかから城門を閉めて幕軍の入城を拒否した。

幕府軍を見放した淀城に、明治天皇の大坂行《ぎょう》幸《こう》の列が入城した。明治元年(一八六八)閏《うるう》四月七日のことだ。

関東に遠征している官軍の戦いを督戦《とくせん》するために大坂行幸が決行されたが、江戸では徳川慶《よし》喜《のぶ》が服罪する姿勢を表明したため、大坂から京都にひきかえした。その途次の淀城への駐蹕《ちゅうひつ》であった。

淀川瀬水車跡の石碑。

淀城跡(よどじょうせき)
京都市伏見区淀本町
交通/京阪本線淀駅から徒歩すぐ

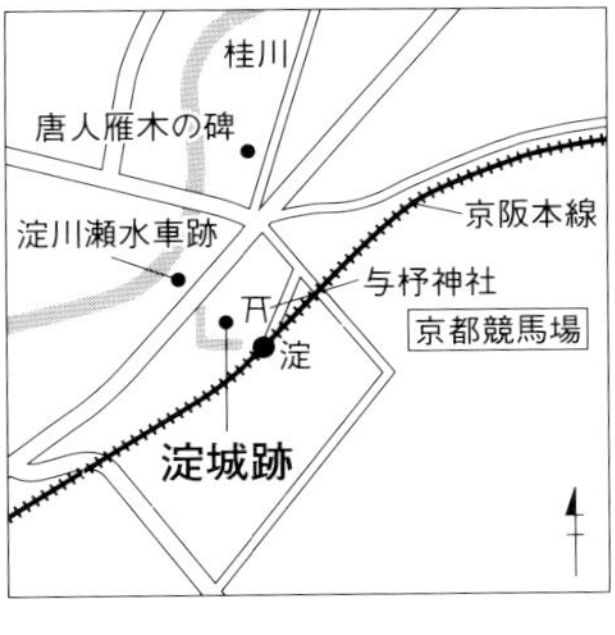

道元禅師の誕生にゆかりの地

誕生寺

誕生寺の本堂。
道元禅師の誕生
にゆかりの地に
建立された。

誕生寺の山門。

少年時代の
道元禅師の銅像。

藤原氏と対抗した久《こ》我《が》一族の別荘地

久我神社

参道から本殿を拝する。

「森の明神」の別名のとおり、森のなかの落ちついた雰囲気の神社である。写真は本殿西の竹林。

誕生寺

道元禅師は久《こ》我《が》通親《みちちか》の子

日本曹洞宗《そうとうしゅう》の祖、道元禅師の誕生にゆかりの地にたてられたお寺だから誕生寺という。山号は妙覚山。

道元禅師は諱《いみな》を希玄といい、村上源氏のうちの久我家の出身である。

禅師の父は土御門《つちみかど》天皇の外祖父の源（土御門）通親、母は関白藤原基房《もとふさ》の娘の伊子、名門のなかの名門というべき家柄であるから、政治の世界に出れば要職につくのは保証されていた。

永平寺をひらくまでの道元禅師

だが、三歳で父に死別し、八歳で母をうしなう悲劇にみまわれたのが政治の世界に背をむけるきっかけになったのだろうか。母方の祖父の基房は希玄を猶子《ゆうし》にして藤原家の勢力に加えようとしたが、希玄はひそかに木幡《こわた》の山荘を出て比叡山にのぼり、母方の叔父の良顕法眼《ほうげん》に、出家の希望をのべた。

十四歳のときに天台座主《ざす》の公円について剃《てい》髪《はつ》、菩薩戒をうけて僧となり、佛法房道元と称することになった。

栄西禅師によってはじめて臨済宗《りんざいしゅう》を知り、栄西の死後しばらくは京都の建仁寺で修行していた。

建仁寺の明全とともに渡宋し、四年後に帰国して建仁寺にはいったが、比叡山の迫害をのがれて深草に住み、禅理論の執筆に専念していた。『弁道話』や『普勧坐禅儀《ふかんざぜんぎ》』などをあらわし、これが実質的な曹洞宗の立宗宣言になったという。

比叡山の迫害はつづくので禅師は越前にのがれ、大佛寺をおこした。これが永平寺に発展する。

久我の久我家は明治になって東京へうつったので、永平寺の日置《ひおき》黙仙が誕生寺を創建した。道

誕生寺（たんじょうじ）
京都市伏見区久我本町2
電話／075・932・4650
拝観／日中随時
料金／参拝自由
交通／市バス南1、南2、18、22系統などで久我下車、徒歩3分

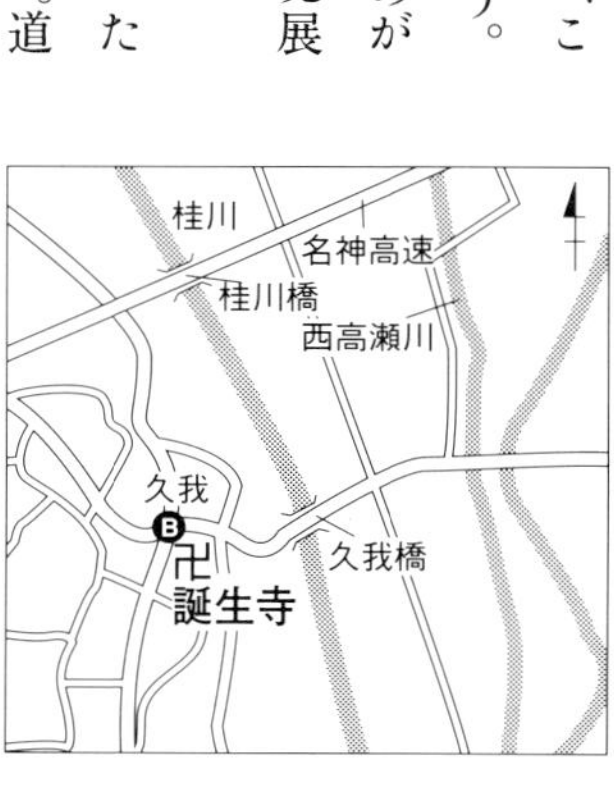

元禅師の、かわいらしい童形の像が立っている。

院政とむすびつき勢力をのばした久我家《こがけ》

国道1号を城南宮からすこし南へ、そして右(西)へまがると鴨川・西高瀬川・桂川にまたがる久我橋《こがばし》をわたる。橋の前方にひらいた水郷の地がかつては久我一族の別荘地であった。

水位が低い湿地帯だから肥沃《ひよく》な地とはいえないが、鳥羽上皇の鳥羽離宮とおなじように、水にあこがれる公家にとってはまたとない快楽を提供してくれる土地がらであった。鳥羽の離宮が桂川の東に展開していたのにたいし、桂川の西に久我家の別荘地が開発されたところに注目したい。

久我家は村上源氏である。村上天皇の孫の憲定・頼定・師房が源の姓をいただいて臣籍にはいった。おりからの院政政治にむすびついて勢力をのばし、朝廷では藤原氏と対抗してはげしい政争をくりひろげる。

退位して堀川天皇に譲位したばかりの白河上皇が久我の地をおとずれたのは、寛治元年(一〇八七)である。『中右記《ちゆうゆうき》』には上皇が「右大臣の古河の水閣」に御幸《みゆき》したと書かれている。「古河」が「久我」であるのはいうまでもない。このころの右大臣は源顕房であり、顕房の子が久我家の祖とされる雅実なのである。

久我橋をわたってしばらくゆき、右にまがったところの菱妻《ひしづま》神社は雅実が創始したという伝承がある。久我家と院政のむすびつきの創始の謎を、菱妻神社は知っているのではないか。

久我橋をわたって南にさがると、まだ宅地化されていない地に「久我大臣の墓」の碑、その南、久我小学校の西どなりが久我神社である。「森の明神」の別名のとおり、森のなかの、落ちついた雰囲気の社である。

久我神社(こがじんじゃ)
京都市伏見区久我森の宮町
交通／市バス南2、23系統で神川小学校前下車、徒歩5分

一休和尚の生涯にわたる拠点

酬《しゅう》恩《おん》庵《あん》（一休寺）

方丈南庭と、加賀藩主前田利常が再建した、重要文化財の方丈。入母屋造りの檜皮葺で、中央の仏間には、一休禅師の木像が安置されている（重要文化財）。

「一休ばなし」と大徳寺

一休和尚が創建し、晩年をすごし、亡くなり、お墓もある――これが酬恩庵《しゅうおんあん》だ。

一休さんというと、紫野の大徳寺との関係がポピュラーになっている。「一休ばなし」の舞台がもっぱら大徳寺になっている関係だろう。一休和尚の生涯にわたる拠点といえば酬恩庵だが、といって、大徳寺との関係も無視するわけにはいかないのである。

そこでまず、大徳寺と一休和尚の関係についておもしろいはなしを紹介しておこう。

一休は文明十三年(一四八一)に亡くなったから、延宝八年(一六八〇)が二百年忌である。九月二十一日に大徳寺の塔頭真珠庵で法要がひらかれ、黒川道祐《どうゆう》も大徳寺へでかけた。広島藩浅野家に医師として仕え、致仕《ちし》してからは紀行文や京都の地誌執筆に専念したのが黒川道祐である。

京都の、たいていの有名な寺社を観ている道祐だが、この日に展示された一休の像は「目を驚かすばかり」だと書いている。紫の法衣に黄色の袈裟、払子《ほっす》をもっているのはふつうだが、頭の毛と鬢《びん》は生きているときの一休本人の頭から剃った本物の毛を貼りつけてあったのだ(『遠碧軒《えんぺきけん》記《き》』)。

お坊さんは剃髪《ていはつ》するから、本物の毛や髯《ひげ》はたくさんあるわけだ。だが、それを像に貼りつけるのは異例のなかの異例である。一休さんのことだから、これは一休さんご自身の指示によることなのだろう。

本物の毛が貼ってある像を拝見するのは気持ちが悪いというか、感動的というか――

そこで、

――そんないたずらは大徳寺だからであろう。酬恩庵では、そんな異常なことはおやりになっていないはずだ。

こういった予測が出てくるところだが、そうではなかった。酬恩庵でも、一休さんはあいかわらず、いや、もっともっと異例異常のお坊さんであった。

異例異常？　一休和尚は本物の出家！

森《しん》という美女と知り合い、彼女とのあいだに濃厚な愛と性と恋の日々をおくり、その様子を『狂雲集』という詩集に書きのこしたのである。

かんがえてみると、出家とは異例異常の人間のことのはずだ。本物の出家であろうとした一休は、権勢にちかづくことはあっても自分では権勢を持とうとはしなかった。これも出家としては通常の、正しい行き方なのである。

さて、一休によって酬恩庵がつくられたこのあたりは、むかし、石清水《いわしみず》八幡宮へ神事用の薪《たきぎ》をおさめる御薗《みその》であった。薪荘《たきぎのしょう》、薪園という名もあった。

正応年間（一二八八〜九三年）、南浦紹明《なんぽじょうみょう》が妙勝禅寺を建立したが、元弘の戦乱で荒廃してしまった。その妙勝禅寺を再興したのが一休であった。一休は妙勝禅寺のそばに、自分の隠居所として庵をたて、師の恩に酬いる意味をこめて酬恩庵と名づけた。

森という女性を酬恩庵にひきとり、いっしょに住んだのはいうまでもない。

応仁の乱のころ、一休は京都東山の虎丘庵《こきゅうあん》に避難していたことがある。晩年、この虎丘庵の建物を酬恩庵に移築し、みずからの寿塔をたてて「慈楊《じよう》」とよんでいた。一休はこの寿塔で亡くなったのである。

方丈の奥の祠堂《しどう》に安置されている一休禅師座像は死の前年に高弟の墨斎（没倫紹等《ぼつりんじょうとう》）につくらせたもので、自分で頭髪と鬚を剃って自分で植えたものだとつたえられる。

祠堂には墨斎が描いた一休禅師画像もおさめられている。

酬恩庵（しゅうおんあん）
京都府京田辺市薪里ノ内102
電話／0774・62・0193
拝観／午前9時〜午後5時
料金／400円
交通／近鉄京都線新田辺駅下車、徒歩20分（1.5km）。JR片町（学研都市）線京田辺駅下車、徒歩15分。両駅から京阪宇治交通バスで一休寺道下車、徒歩5分

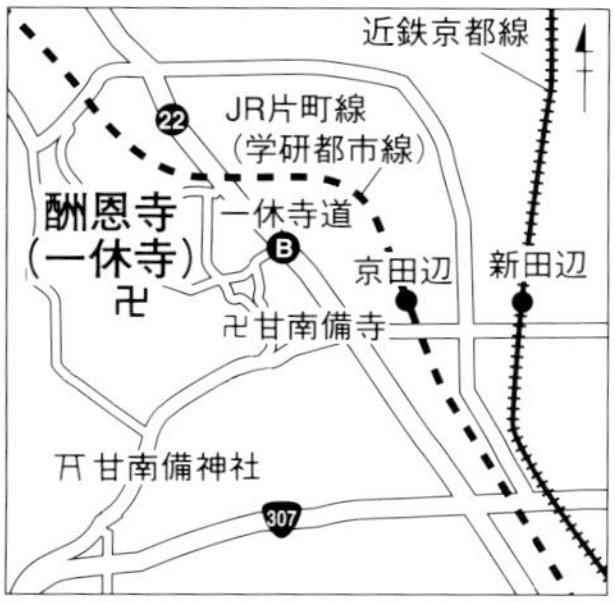

神が鎮座する甘南備山の古刹と古社

甘《かん》南《な》備《び》寺《じ》・甘《かん》南《な》備《び》神《じん》社《じゃ》

甘南備神社。山城と河内の平野を一望できる甘南備山の頂上にある。『延喜式』にでてくるほど由緒が深い。

甘南備山の頂上からの展望。遠くの山は比叡山である。

甘南備寺。元禄年間に現在地に移築された。

芝居で有名な良弁《ろうべん》僧正《そうじょう》ゆかりの寺

観音寺(普賢寺《ふげんじ》・大御堂《おおみどう》)

観音寺の本堂。同志社大学田辺校舎の南から西へ向かい、普賢寺川をへだてた山側に位置する。

甘南備寺・甘南備神社

甘南備山《かんなびやま》は呪術の修行場？

神が鎮座する山という意味で、神南備山または甘南備山と名づけられた山が三つある。大和の斑鳩《いかるが》龍田の三室山《みむろやま》、飛鳥の三諸山《みもろやま》（三輪山）、そして山城の京田辺市の甘南備山だ。

山城の甘南備山は標高二百十七メートル、高いというほどではないが、ちかくの生駒山脈の全体が低いから甘南備山は屹立《きつりつ》しているといってもおおげさではない感じになっている。

山城と河内の平野を一望できる頂上には甘南備神社がある。『延喜式』に記載されている神社だから、由緒は古いのである。

その甘南備山の中腹に、むかし、甘南備寺があった。

天平年間（七二九〜四九年）に有名な僧の行基《ぎょうき》がひらいたという伝承があり、それだけでも歴史の古さを感じるが、行基よりもまえに役小角《えんのおづぬ》がお寺をひらいて呪術の鍛錬をしていたともいわれる。ともかくも、相当に古い歴史をもっているのはたしかだ。

僧の浅はかな夢をお薬師さんがさとす

説話をひとつ、紹介しておこう。

甘南備寺に住んでいた僧は、ここを去ってもっと大きな寺へゆきたいと念じていた。いよいよ去ろうとした前夜、僧の夢に薬師如来があらわれ、つげた。

「おまえの前世はここの土地のミミズであったのだよ。法華経をきいた功徳で人間にうまれたのだ。縁のあるこの土地を去らぬほうがよろしい」

僧はここに留まる決意をかためた。

荒廃していたが、元禄二年（一六八九）に地元の有志が酬恩庵のちかくの現在地に移築し、萬福寺の僧をまねいて中興の祖とした。本尊の薬師如来は「耳の佛」として信仰される。

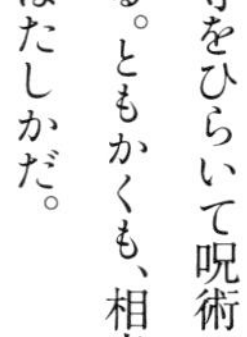

甘南備寺跡の石碑。

甘南備寺（かんなびじ）
京都府京田辺市薪山垣外111
電話／0774・62・0358
拝観／日中随時
料金／参拝自由
交通／近鉄京都線新田辺駅下車、徒歩20分。JR片町（学研都市）線京田辺駅下車、徒歩15分。両駅から京阪宇治交通バスで一休寺道下車、徒歩3分

甘南備神社（かんなびじんじゃ）
※一休寺の西、薪幼稚園前の登山口から1時間ほど山道を登った甘南備山山頂付近に鎮座する

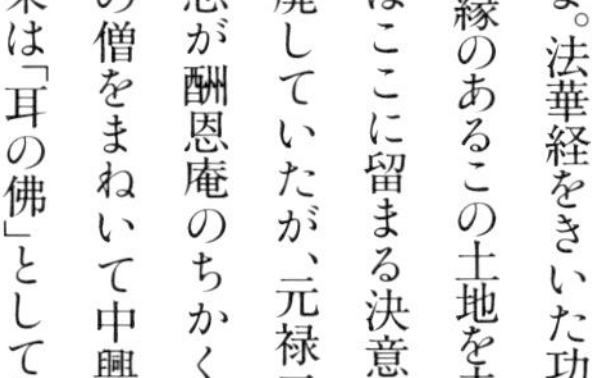

観音寺（普賢寺・大御堂）

良弁僧正《ろうべんそうじょう》との深いかかわり

東大寺の初代の別当となった良弁僧正は佛教史では忘れられない存在である。

良弁のドラマチックな人生については歌舞伎の『二月堂良弁杉由来』でひろく知られている。良弁は赤ん坊のときに大鷲にさらわれ、春日神社に参詣した僧の義淵《ぎえん》にすくわれ、名僧となった。そして母親が観音像をおさめた守り袋が縁となって、三十数年ぶりに母と子の再会が実現するという観音縁起譚《えんぎたん》である。

観音寺の前身は普賢寺といったという説があり、良弁僧正が天平十六年（七四四）に普賢寺を再建して山号を息長山としたという。

では、その普賢寺はいつごろ創建されたのかというと、観心山親山寺という寺の伽藍を良弁が拡張し、丈六《じょうろく》の十一面観音を安置して息長山普賢教法寺としたのだという。

前説では再建、後説では名称変更という相違はあるが、普賢寺という寺に良弁が関係していたのはたしかなことだろう。

縁起によれば、天武天皇の勅願で義淵僧正が開基、聖武天皇の御願で良弁僧正が伽藍を増築した。第一世は良弁の高弟の実忠和尚、東大寺の「お水取り」をはじめた和尚さまだ。

戦乱による荒廃と復興をくりかえしていたが、十五世紀のなかごろ、大御堂・小御堂・五重塔などの堂舎が整備されたのも束の間、永禄八年（一五六五）にまたまた類焼して再建は不可能かとさえ思われた。

現在の本堂は昭和二十八年（一九五三）の再建であり、ほかに庫裡《くり》と鐘楼がある。

本尊の木心乾漆十一面観音立像は良弁によって製作されたものとかんがえられ、国宝に指定されている。寺の名を観音寺とするのもこの十一面観音像にちなむ。

観音寺（かんのんじ）
京都府京田辺市普賢寺下大門13
電話／0774・62・0668
拝観／午前9時～午後5時。本堂の拝観は事前に要連絡
料金／境内自由、本堂300円
交通／近鉄京都線三山木駅から奈良交通バスで普賢寺下車、徒歩3分

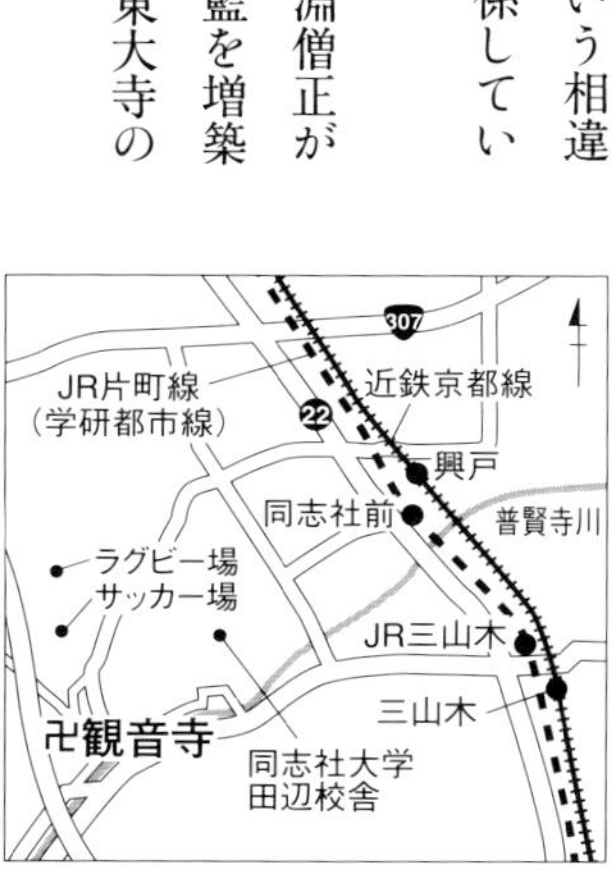

蟹にすくわれた娘

蟹《かに》満《まん》寺《じ》

本堂。

境内には蟹の意匠がほどこされたものがたくさんある。写真は、本堂の扁額。

蟹の開梆（かいぱん）。木槌で打って、時刻を知らせる。

吉野の山岳宗教とのつながり

神童寺《じんどうじ》

写真上／重要文化財の本堂。屋根は本瓦葺で、蔵王権現像(ざおうごんげんぞう)を本尊とすることから、蔵王堂ともいわれる。

写真下／参道。神童寺は、旧伊賀街道上にある。

蟹満寺

『今昔物語』巻第十六に登場

もともとは聖観音《しょうかんのん》が本尊であったが、いまは白鳳期の製作と推定される丈六《じょうろく》の釈迦如来座像(国宝)が本尊である。

建立の時期は確定されないが、飛鳥時代、秦和《はたのわ》加《か》の創始だという説もある。

寺の名の「蟹」については、『今昔物語』の観音縁起譚がつたわっている。

幼いときから法華経の観音品《かんのんぼん》を読誦《どくしょう》し、毎月十八日には精進して観音を念じる業をおこたらない娘があった。

娘が外であそんでいると、蟹を紐でむすんでもっているひとに出会ったので、死んだ魚と交換して川に放してやった。

娘の父が、蛙を呑み込もうとする蛇に、「蛙を放してやれば、かわりに娘の婿としてやる」と約束すると、蛇は蛙を放して消えた。

ある夜、蛇が五位の者に化けて娘を取りにきたが、たくさんの蟹があらわれ、蛇を刺し殺して娘をすくってくれた。

蛇の亡骸を埋め、寺をたて、佛像をつくり経巻を移して供養した。だからこの寺を「蟹満多寺《かにまたでら》」というのだが、村人は音便にひかれて「紙幡寺《かむはたじ》」とよんでいた。そもそもの事情を知らないからである。

美しい話だが、『今昔物語』の編者の意図とは反対に、蟹満寺より先に紙幡寺という寺が確実に存在していた印象を深くするのである。

いまの本堂は江戸時代の建築だが、観音堂の扉に、蛇に巻きつかれた金色の蟹の額がかかっている。

蟹満寺(かにまんじ)
京都府相楽郡山城町綺田浜36
電話／0774・86・2577
拝観／午前8時〜午後4時
料金／境内自由、本堂300円
交通／JR奈良線棚倉駅下車、徒歩20分

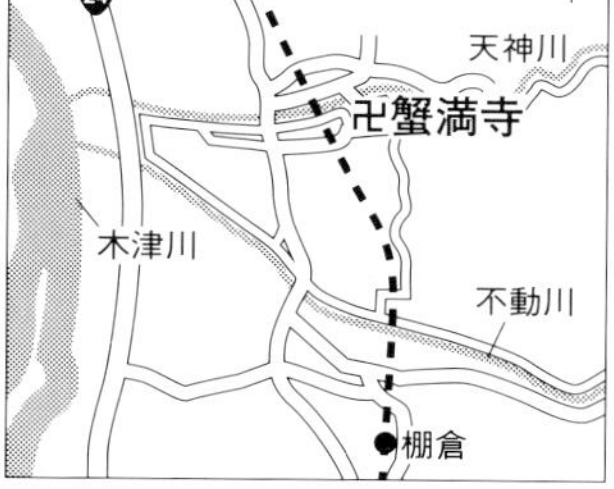

神童に化した神にすくわれた役小角《えんのおづぬ》

相楽郡《そうらくぐん》山城町の神童寺という字《あざ》の名は神童寺の名に由来している。つまり、それくらい古い由緒のお寺だということになる。

推古天皇の四年（五九六）、摂政の聖徳太子が創立した。

役小角《おづぬ》が修行していると、勝手・子守・金精の三神が神童に化してあらわれ、小角をたすけて蔵王権現《ざおうごんげん》をつくった。小角は蔵王権現を本尊とし、寺の名を神童教護国寺としたという伝承がある。その後に荒廃したが、平安時代に、奈良の興福寺の願安が再興したとつたえられる。

願安の再興は別として、役小角が創始したとの説に確証はないようだが、大和の吉野の金峰《きんぷ》山《せん》を霊場とする山岳信仰が山城の山岳地帯に普及してきたのを裏付けるものとかんがえられる。神童寺の山号が北吉野山であるのは、そのためだろう。

『都名所図会』の「北吉野・神童寺」の挿画には、蔵王堂にむかって長くのびる参道がかかれている。そして「当所の人家は多くむかしの僧坊の跡なり。家々に坊舎の名あり」と説明されている。遠方からやってきて坊舎に寄宿し、修験《しゅげん》の修行にいそしんでいた信徒の姿が目に見えるようだ。

役小角をたすけた神は、その後、神童寺の伽藍神として崇敬されていたが、明治六年（一八七三）に勝手社と子守社が天神社にうつされた。不《あけ》晴谷《ずだに》をへだてて神童寺の東に、神童寺の鎮守社として役小角がたてたのが、天神社だといわれる。

金精神も子守社の向かいにうつされたとする説は『都名所図会』がとなえており、三社は不晴谷の袖振山の麓にあるとしている。

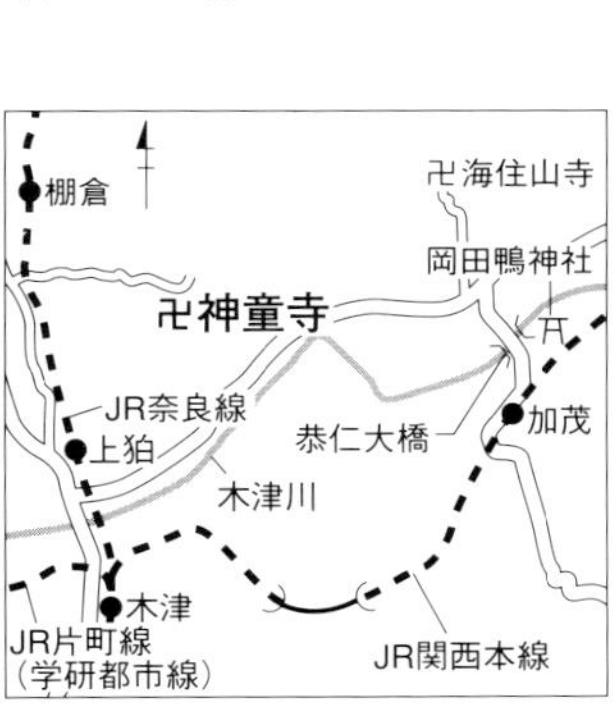

神童寺（じんどうじ）
京都府相楽郡山城町神童子不晴谷112
電話／0774・86・2161
拝観／午前9時〜午後5時
料金／境内自由、本堂400円
交通／JR奈良線上狛駅から徒歩30分。または近鉄京都線新祝園・JR片町（学研都市）線祝園駅からタクシーを利用

はるか遠くにひろがる浄土

海《かい》住《じゅう》山《せん》寺《じ》

五重塔。鎌倉時代の遺構として国宝に指定されており、後鳥羽天皇から寄進されたという由緒の佛舎利をおさめている。海住山寺は、補陀落（ほだらく）信仰のメッカである。

大和―山城間にある鴨氏の重要な根拠地

岡田鴨神社

岡田鴨神社参道。

奈良の春日大社の旧殿を移築したものとつたわる本殿。

海住山寺

ありありと見える補陀落《ほだらく》

観音さまがいらっしゃる場――観音の浄土を補陀落山という。どこか、はるかに遠い海中の島か、世の果てのようなところの高山だとかんがえられている。

観音さまをお待ちするだけではなく、こちらから積極的に観音の浄土の補陀落へ参ろうではないか――こういう姿勢を補陀落信仰とよんでいる。

海にちかいところでは、小舟に身を託して大海に出てゆき、ひたすら補陀落をめざした僧の実例もあった。補陀落渡海《とかい》である。

海住山寺《かいじゅうせんじ》は山城の加茂の山上山《さんじょう》にある。山号は補陀落山、本尊は十一面観音。山上山の南にひろがる瓶原《みかのはら》を海原《うなばら》とみなして、はるかに遠い補陀落を念じる。

山上山にのぼり、海住山寺に参詣したひとの目には補陀落山がありありと見えるのだ。

天平のむかし、東大寺の開山僧の良弁《ろうべん》が聖武天皇の勅願によって一寺を建立したのがはじまりだといわれる。はじめは藤尾山観音寺といっていたが、全焼して再建されるとき、観音の浄土にあやかって山号を補陀落、寺号を海住山とした。承元元年（一二〇七）のことだ。

五重塔は、後鳥羽天皇から寄進されたという由緒の佛舎利をおさめている。十七・七メートルだから高いとはえいないが、鎌倉時代の遺構として国宝に指定されている。

本堂の佛壇の両脇には補陀落曼荼羅がかかげられている（現在は奈良国立博物館へ寄託）。かたや海辺に小舟をうかべ、補陀落渡海をこころみようとする僧の様子。かたや諸佛をしたがえた観音さまが渡海来迎する絵柄である。

海住山寺（かいじゅうせんじ）
京都府相楽郡加茂町例幣海住山境外20
電話／0774・76・2256
拝観／午前9時～午後5時
料金／境内志納、本堂300円
交通／JR関西本線加茂駅下車。加茂駅から徒歩で1時間、タクシーで10分ほど

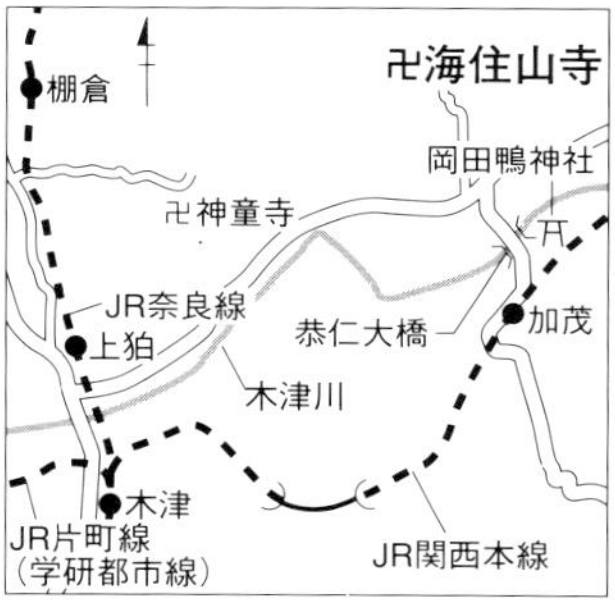

京都の上賀茂、下鴨と結びつく神社

はるかなむかし、このあたりでは岡田という土地と賀茂という土地とが接し、あるいは重なっていたとかんがえられる。

奈良街道が木津川をわたる加茂の渡《わたし》、物資の集散点としての加茂津があって賑わっていた。奈良時代の東海道の宿駅の岡田駅が存在していたともかんがえられる。木津川の流れとともに栄え、ときには洪水になやまされてきた地、それが古代の岡田であった。

岡田鴨神社は岡田の氏神である。灯明寺山の北の麓、木津川とのあいだの狭い平地に鎮座している。祭神は賀茂建角身命《かもたけつぬみのみこと》である。神倭石余比古《かんやまといわれひこ》、つまり神武天皇を大和に案内してきた神が賀茂建角身命であり、建角身命が足跡をしるした地のひとつにたてられたのが鴨神社である。

賀茂建角身命は京都の賀茂社の祭神でもあるから、岡田鴨神社と京都の上賀茂、下鴨の両社はおなじ祭神を祀る社である。

大和から山城へ、さまざまな文化がうつってきたのは想像されるところだが、その動きの大きな柱の一本が賀茂（鴨）氏の氏神の動きなのである。

いまの社は江戸時代、奈良の春日大社の旧殿を移築したものだといわれるが、ここに落ちつくまでは所々を転々とした時期もあったらしい。木津川の、たびかさなる洪水を避けた結果の移転であったにちがいない。

鴨神社の南に灯明寺山があって、北西の麓に燈明寺。その燈明寺のそばの御霊《ごりょう》神社はもともとは燈明寺の鎮守社であったとかんがえられるが、桓武天皇の皇太子の早良親王《さわらしんのう》など、いわゆる平安京の八所御霊を祭神としているのが注目される。

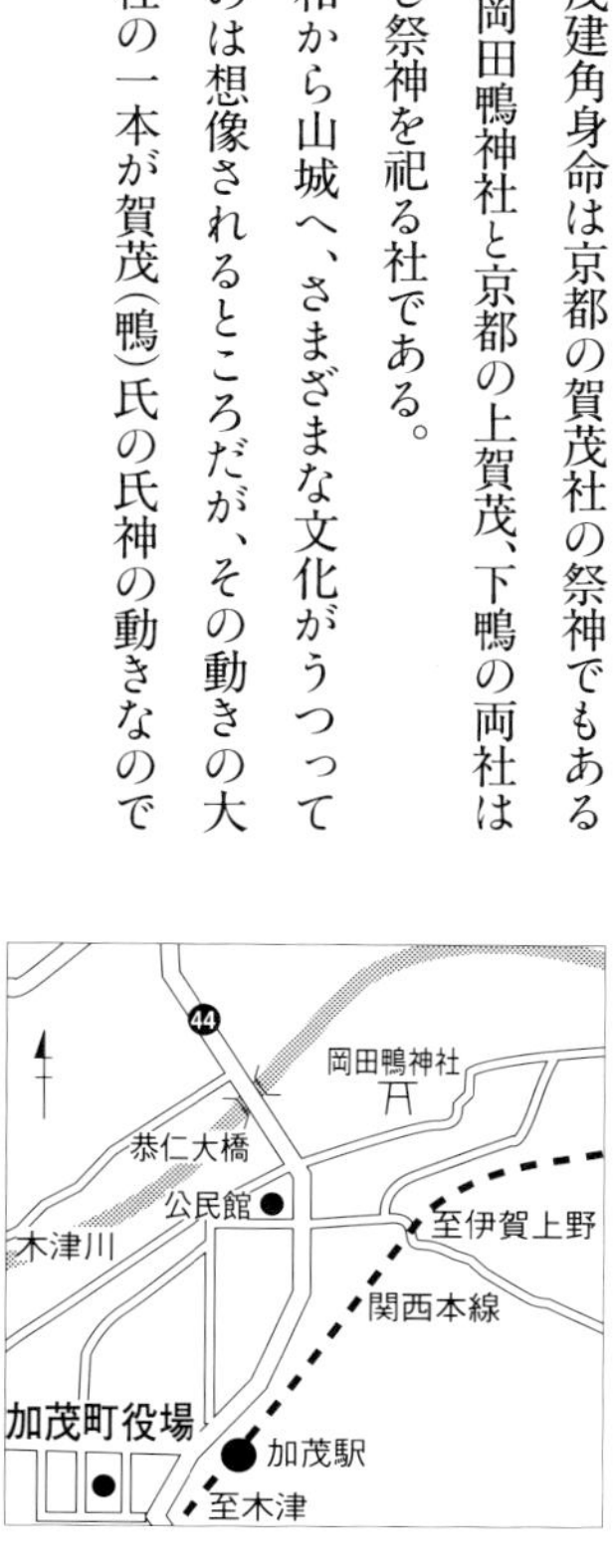

岡田鴨神社（おかだかもじんじゃ）
京都府相楽郡加茂町北鴨村47
電話／0774・76・3131
料金／参拝自由
交通／JR関西本線加茂駅下車、徒歩20分

さまざまなかたちの阿弥陀信仰

浄瑠璃寺

三重塔の前から国宝の本堂(阿弥陀堂)を拝する。
堂内には、同じく国宝の九体阿弥陀如来座像が
安置されている。

三重塔と磨崖佛

写真左上／重要文化財の阿弥陀如来像。

写真上／重要文化財の三重塔と紫陽花の花。
1997年５月に撮影

重要文化財の十三重石塔と躑躅の花。

岩《がん》船《せん》寺《じ》

岩船寺門前より西南の方向にある
通称「わらい佛」といわれる磨崖佛。

九体もの阿弥陀如来像

平安時代につくられた木像の阿弥陀如来座像が本堂(阿弥陀堂)に九体もおさめられている。本堂も阿弥陀如来像も国宝に指定されている。

浄瑠璃寺——ジョウルリジと発音すると麗しい響きを感じるが、九体寺《くたいじ》または九品寺《くほんじ》の通称も懐かしい気持ちを誘う。

創建の年代、いきさつについては諸説があって、いずれとも確定しがたいといわれている。

天平年間(七二九〜四九年)に聖武天皇の勅願によって行基《ぎょうき》が創建したとする説、それよりも遅れて多田(源)満仲が天元年間(九七八〜九八三年)に創設したという説、永承二年(一〇四七)の建立説もあるそうだ。

創建の年代に諸説があるのは、九体もの阿弥陀如来像の存在と関係があるのではなかろうか。

つまり、あるとき、ゼロの状態から一気に建設がはじまったというのではないのだろう。

さまざまの場の、さまざまのかたちの阿弥陀信仰の組織がひとつ、ふたつと集まってきて、そのうちに浄瑠璃寺という巨大な規模の寺院ができていた、そういうことではなかったのだろうか。

九体の阿弥陀如来像の中尊佛は二百二十四センチの大型のもの、ほかの八体は小型だが、それでも百四十四センチもある。

中尊のわきに、厨子《ずし》入り、木造の吉祥天女立像がある。建暦二年(一二一二)の製作だから古いものだが、彩色はあざやかにのこっている。

毎年一月の十五日間、三月二十一日、十月一日からそれぞれ二ヵ月間にかぎって公開される。この日を待ちかねて吉祥天女の姿を拝見するひともすくなくない。説得力のある美、それが吉祥天女さまだ。

浄瑠璃寺(じょうるりじ)
京都府相楽郡加茂町西小札場40
電話/0774・76・2390
拝観/午前9時〜午後5時(12〜2月は午前10時〜午後4時まで)
料金/300円
交通/JR奈良駅から奈良交通バスで浄瑠璃寺下車(途中で関西本線の加茂駅にも停車)、徒歩3分。1日に4本便がある

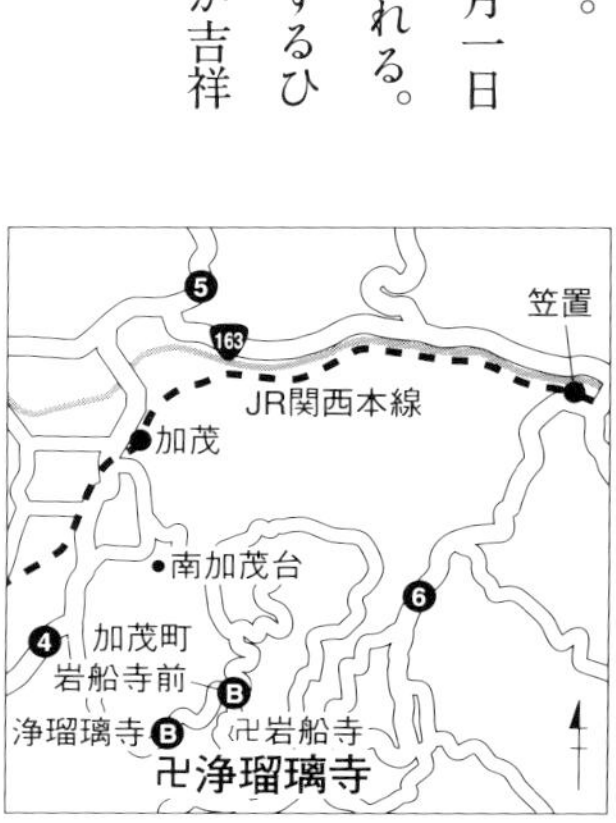

石佛や磨崖佛《まがいぶつ》が多くある地域にたつ

浄瑠璃寺や岩船寺《がんせんじ》をふくむこの地域には石佛や磨崖佛が多い。京都府の当尾《とうのお》磨崖佛文化財環境保全地区に指定されている。

岩船寺の寺名から、巨岩や奇石にたいする信仰が下敷きになっているのかと、そんな先入観も生じる。

お寺のうしろに貝吹山があり、山頂には畳一枚ほどの貝殻のかたちの岩がある。そのむかし、法要のときにこの岩のうえで法螺貝を吹いて鳴らして一山の僧を召集した、念佛の行者が瞑想した場所である、などと説明されている。

貴重、神聖なものが失なわれないように貝殻を伏せて蓋をした――そんな光景が想像される。

表門のそばに船のかたちの石がおかれている。僧が冷水をあびる儀式の石風呂だと説明されているから、この石風呂と岩船寺の寺名と関連があるのはたしかなところだろう。

天平元年(七二九)、聖武天皇の勅願によって僧の行基《ぎょうき》が阿弥陀堂を創建したのがはじまりだという。

それからしばらくして、空海の甥にあたる智泉という僧がここに報恩院をひらいて、嵯峨天皇に皇子が誕生するように祈った。智泉の祈禱がつうじて誕生したのが正良親王《まさらしんのう》、のちの仁明天皇だ。

皇子誕生の功績によって報恩院に堂塔がたてられ、皇子の母妃つまり檀林皇后からも十町の水田、三六〇町の山地が寺領として寄進されたという。正良親王の誕生については洛西の梅宮《うめのみや》大社《たいしゃ》にも瑞祥伝承がある。

嘉吉二年(一四四二)に建立された三重塔と、塔のとなりの十三重石塔の存在感は強烈で、わすれがたい。

岩船寺(がんせんじ)
京都府相楽郡加茂町岩船上ノ門43
電話/0774・76・3390
拝観/午前8時30分～午後5時(12月～2月は午前9時～午後4時30分)
料金/300円
交通/JR関西本線加茂駅からJRバス岩船寺前行で終点下車、徒歩すぐ

岩屋寺と山科の町なみ。

岩屋寺

岩屋寺の背後の山中にある山科神社。岩屋寺は山科神社の神宮寺だった。

浪曲師の吉田奈良丸が創立

大石神社

大石神社。『義士伝』の語りで一世を風靡した
二代吉田奈良丸により創立された。

境内で隠棲を装った大石良雄

〜風雅でもなく、洒落《しやれ》でもなく、しょうことなしの山科に、由良之助が侘住居《わびずまい》。

赤穂浪士の復讐ドラマ――有名な『仮名手本忠臣蔵』の九段目「山科閑居の場」の幕開けである。

赤穂浪士の首領の大石良雄の舞台のうえでの名は大星由良之助、その由良之助の山科の住まいを敵役《かたきやく》――本心では由良之助の味方――の加古川本蔵が妻と娘をつれてたずねてゆく。由良之助が、これまで隠していた復讐の決心をあきからにするとわかっているから、観客は固唾をのんで、舞台に見入る。

忠臣蔵の筋書きには実際とかけはなれたフィクションが多いが、良雄の住まいが岩屋寺の境内の続地であったのはまちがいのない事実である。

赤穂藩の藩士の進藤源四郎はこの山科の出身であり、大石良雄の妹を妻にしていた。

赤穂藩がつぶされたあと郷里の山科にもどり、義兄の良雄の身元保証人として居宅を確保することに奔走した。進藤は赤穂浪士の一員にはならなかったが、こういうかたちの支援もあったのだ。

岩屋寺には赤穂浪士関係の遺品や位牌があり、公開されている。

本来は山科《やましな》神社の神宮寺

ちかごろは〈赤穂浪士の岩屋寺〉みたいになった感じがあるが、もちろん、岩屋寺の本来はそうではない。

背後の裏山の中腹にある山科神社の神宮寺としてたてられたのが岩屋寺であった。その山科神社は寛平九年（八九七）に日本武尊《やまとたけるのみこと》を祭神としてたてられたというから、由緒はふるい。

境内にある、大石良雄の遺髪塚。

岩屋寺（いわやじ）
京都市山科区西野山桜ノ馬場町96
電話／075・581・4052
拝観／午前9時〜午後5時
料金／境内自由、本堂300円
交通／JR山科駅から京阪バス29系統で大石神社下車、徒歩8分
※地図は左頁参照

祭神になった忠臣蔵の大石良雄

赤穂浪士の復讐のドラマ、それはさまざまなジャンルの芸能によって現代にひきつがれている。

復讐が成功した元禄十五年（一七〇二）からかぞえて四十七年、二世竹田出雲・三好松洛・並木千柳が合作した浄瑠璃『仮名手本忠臣蔵』が大坂で上演された。赤穂事件にかかわる芸能史の、はなやかな開幕である。

『仮名手本忠臣蔵』は江戸に移って歌舞伎にとりいれられ、その後は浪曲（浪花節）に、映画に、テレビにと、長期にわたる芸能界の太い柱であった。

浪曲のジャンルでは二代の吉田奈良丸が『義士伝』を得意として、昭和初期の芸能界を牛耳《ぎゅうじ》った。

奈良丸の本名は広橋宏吉といい、奈良県の出身。祭文語《さいもんかた》りの芸人であった父の門人として花川力丸の芸名で舞台に立った。

その後、初代の吉田奈良丸の門下となって浪曲に転じ、二十三歳のときに二代の吉田奈良丸をついだ。優美な節回しの『義士伝』は一世を風靡し、「奈良丸くずし」の評判をとった。

昭和五年に三代にゆずり、みずからは吉田大和之丞をなのった。大和之丞となったあとで、山《やま》科《しな》の岩屋寺のとなりに大石良雄を祭神とする大石神社を創立した。

映画やテレビ、芝居などの「忠臣蔵もの」が製作されるまえに、出演俳優が大石神社をおとずれ、興行の成功を祈念するのがならわしのようになってきた。

——こんどの大石役は、だれが演《や》るのかな？

こういう楽しみが、京都にはある。

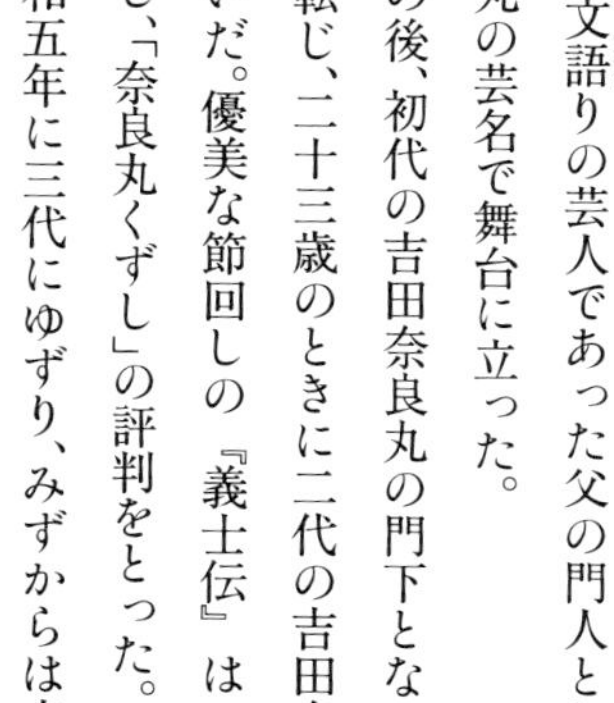

大石神社（おおいしじんじゃ）
京都市山科区西野山桜馬場116
電話／075・581・5645
拝観／午前9時〜午後4時
料金／参拝自由
交通／JR山科駅から京阪バス29系統で大石神社下車、徒歩5分

大石神社

今に伝わる小野小町伝説

随心院

参道と薬医門。

小野小町が顔を映して化粧したという小町化粧井戸。

小町に寄せられた手紙からつくったという小町文塚。

聖《しょう》宝《ぼう》上人が賞した名水

醍醐寺

上醍醐・初夏の清滝宮拝殿。

各部に桃山様式がよくあらわれた、国宝の唐門。正面の意匠の中心は、大きな「五七の桐」をつけた二枚の扉とその両脇の「十二弁の菊」で、両脇も扉のようにみえるが、実際には動かない。

「これこそ醍醐味である」と聖宝上人が賞した醍醐水。写真の屋根の下に、現在も湧き出している。

随心院

亡き母が赤牛になった夢を見た仁海《にんがい》僧正

同名のお寺があるわけではないのだが、「小野《おの》の随心院」というふうに「小野」をつけなければ随心院ではないような感じ——わたくしだけのものではなさそうだ。

小野門跡と通称されることもある、曼荼羅寺御殿という別称ものこっている。そのうえに平安時代きっての才女、美女の小野小町のゆかりがかさなるから、随心院の歴史は話題が豊富、にぎやかである。

真言宗の仁海僧正が正暦二年（九九一）にこの地に小野曼荼羅寺をひらいたのがはじまりである。

僧正の夢に、亡くなったお母さんがあらわれた。お母さんは赤牛になって鳥羽のあたりに住んでいるのがわかった。僧正は鳥羽へ行って孝養をつくし、赤牛の死後、皮を剝《は》いで両界曼荼羅をえがき、本尊として曼荼羅寺を創始したのだというはなしがつたわる。

仁海僧正は祈禱して雨を降らせる呪法《じゅほう》をもっていた。神泉苑で何度か請雨経法を修して効果があったので、巷間《こうかん》では「雨僧正」と尊称されたこともある。

随心院は曼荼羅寺の塔頭であったが、順徳・後堀川・四条とつづいて三天皇の祈願所になったのがきっかけになって権威を高めた。

このあたりに小野小町の屋敷があったという伝承があり、さまざまな話題に増殖してきた。

小町が顔を映して化粧した井戸が現存し、「小町化粧井戸」「小町水」といわれ、背後の藪のなかには小町に寄せられた手紙からつくったという「小町文塚《ふみづか》」もある。深草少将《ふかくさのしょうしょう》の通《かよ》い路《じ》の跡ものこっている。

随心院（ずいしんいん）
京都市山科区小野御霊町35
電話／075・571・0025
拝観／午前9時～午後4時30分
料金／400円
交通／地下鉄東西線小野駅下車、徒歩7分
※地図は左頁参照

醍醐味＝佛教の教法の尊厳

標高約四百五十メートルの笠取山（醍醐山）、頂上のあたり一帯を上《かみ》醍醐といい、山の麓に展開する広大な伽藍を下《しも》醍醐という。

聖宝上人《しょうぼうしょうにん》が准胝《じゅんでい》と如意輪の二観音を安置して草庵をいとなんだところが上醍醐だとされる。つまり上醍醐が醍醐寺の発祥の地ということになる。

准胝観音堂と清滝宮《せいろうぐう》のあいだに醍醐水とよばれる泉が湧き出している。

——こんなに高いところに水が湧いているなんて！

聖宝上人がはじめて上醍醐にあがったとき、地主神の横尾明神が翁に化身してこの名水の存在を教え、「これこそ醍醐味である」と賞したという逸話がある。

醍醐とは牛や羊のミルクの酥《そ》を精製してできるヨーグルトの上澄みのような飲物。その得難い味わいを醍醐味といい、佛教の教法の尊厳にたとえられる。醍醐寺という寺の名はこの故事に由来しているのだそうだ。

下醍醐の中心は三宝院などの子院と霊宝館ということになろうか。

室町時代の座主《ざす》の満済《まんさい》は醍醐寺三宝院門跡として最初の准三后《じゅさんごう》という高い地位につき、室町幕府の政治にも参画した。醍醐寺の全盛は満済によってもたらされたともいえる。霊宝館の寺宝は圧倒的な美の荘厳。

戦乱による荒廃は豊臣秀吉の援助によって復興した。その秀吉は慶長三年（一五九八）に下醍醐の三宝院で盛大な花見をもよおしたが、まもなく亡くなってしまう。

醍醐寺は真言宗醍醐派の総本山で、本尊は薬師如来である。

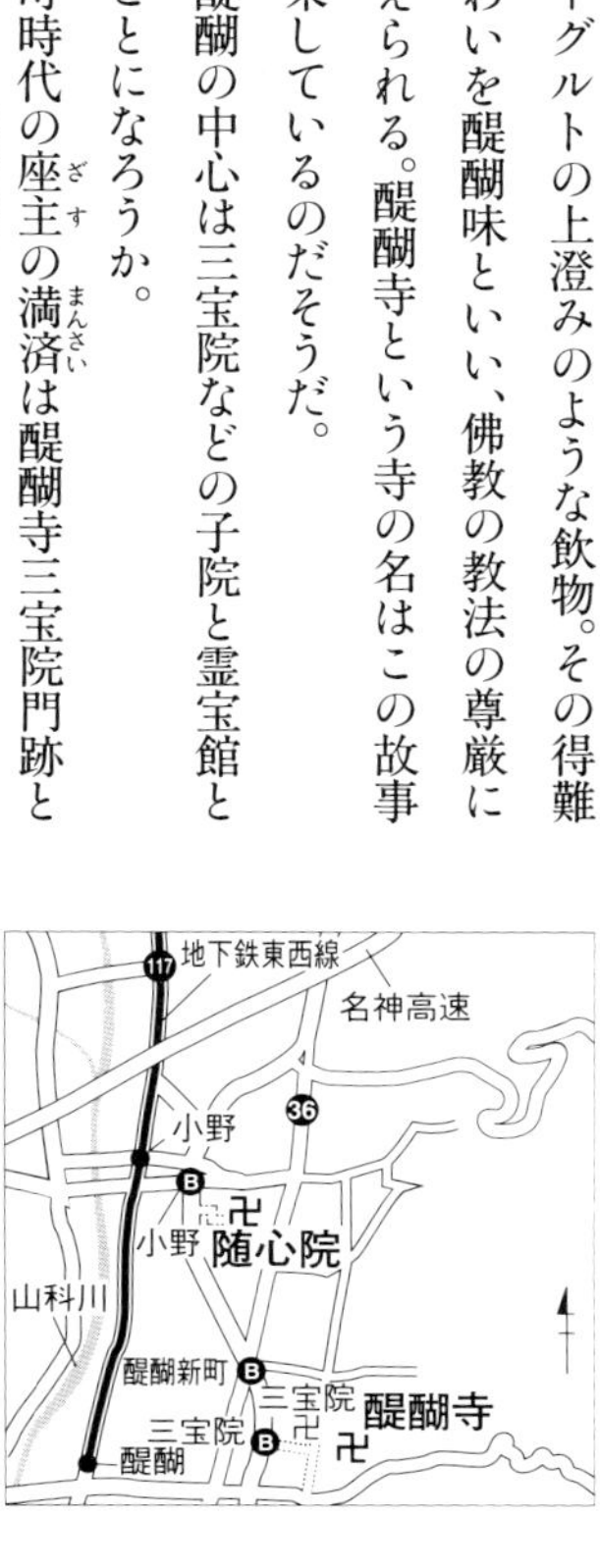

醍醐寺（だいごじ）
京都市伏見区醍醐東大路町22
電話／075・571・0002
拝観／午前9時～午後5時（11～2月は4時まで）
料金／600円
交通／JR山科駅から京阪バス22、24系統などで醍醐三宝院下車、徒歩すぐ。地下鉄東西線醍醐駅下車、徒歩10分

女性がよせるあつい信仰

法《ほう》界《かい》寺《じ》

法界寺（日野薬師）の境内。中央に見えるのは、国宝の阿弥陀堂。檜皮葺で周囲に一間の廂（ひさし）がつくなど、藤原時代の建築様式を今につたえる。最澄自作の薬師像が、本尊の薬師如来立像の胎内像とされていることから、特に女性の信仰をあつめている。

京都人に親しまれてきた薬師如来

京都のひとは「日野の法界寺」「日野薬師」「乳《ちち》薬師《やくし》」と、親しんでいうことがある。本尊の薬師如来にたいする尊敬の思いが親近感となってあらわれているようだ。

日野は肥沃《ひよく》な地である。

まわりの里山が太陽の光をうけとめて反射し、肥沃な土壌をそだてる。里山はまた、風をじょうずに避けてくれる。

どちらかというと陰気な感じの強い京都からみれば、日野の里はいつも明るく、照っていた。東光山という山号は、日野の陽光にあこがれる京都人の思いをくみあげているのではなかろうか。

藤原北家《ほっけ》の藤原真夏の子孫がここに山荘をひらいて、資業《すけなり》のころから姓を日野と称したという。浄土真宗の祖の親鸞聖人は日野の里で誕生しているが、父は日野有範《ありのり》である。

日野家につたわる伝教大師最澄自作の薬師如来を胎内佛とした薬師像を資業が安置し、薬師堂とした。それが法界寺のはじまりだといわれる。十一世紀のなかごろのことである。

薬師さまのなかに、もうひとつ、ちいさく、可愛らしい薬師さま——女性があつい信仰をよせるのは当然というものだ。

奈良の伝燈寺の本堂を移築した重要文化財の本堂(薬師堂)。

日野家が別当を世襲し発展

その後、日野実政が法界寺の別当職に任じられ、日野家が別当を世襲することになって法界寺は発展の一途をたどった。藤原忠通や室町幕府八代将軍の足利義政も参詣したことがわかっている。

国宝の阿弥陀堂は五間四方の単層裳階《もこし》付宝形《ほうぎょう》づくり、檜皮《ひわだ》で葺《ふ》いた屋根のうえに露盤宝珠がおかれている。

堂内の中央に須弥壇がきずかれ、国宝の阿弥陀如来座像を安置している。宇治の平等院鳳凰堂とおなじ定朝式《じょうちょうしき》の佛像であり、むかしはこれも定朝の作だと思われていたようだ。阿弥陀堂の内陣の壁には飛天・楽器・阿弥陀如来など十二面以上の壁画が描かれている。

毎年の正月には五穀豊穣と天下泰平を祈願して修正会がおこなわれ、結願《けちがん》の十四日の夜に阿弥陀堂のまえで「裸踊り」がおこなわれる。精進潔斎をすませた青年男子が、晒《さら》し木綿のまわし一丁、水垢離《みずごり》をとったあと、裸でもみあい、「頂礼、ちょうらい」と唱えておどりつつ、たがいに押しあう。

法界寺から宇治市の炭山へ一キロたらずゆくと、『方丈記』の作者として有名な鴨長明の隠栖地跡がある。

俗界を去った長明が一丈四方の庵——つまり方丈——をいとなんだところといわれ、たいらな巨石が方丈の跡地だとつたえられている。

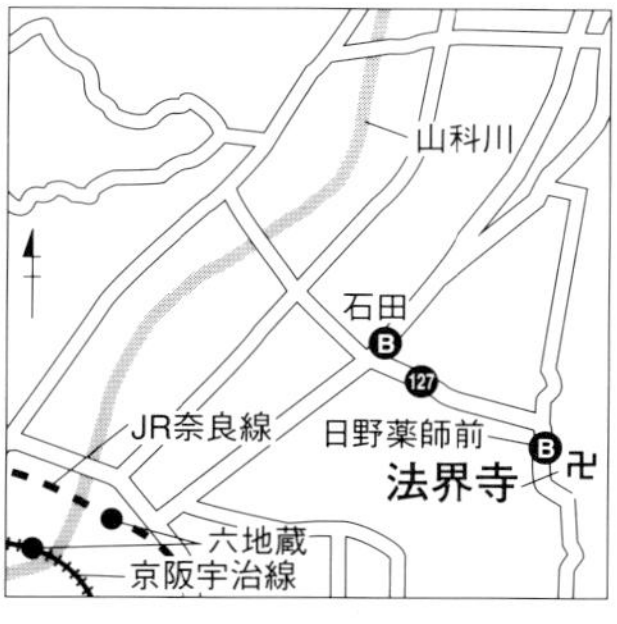

法界寺（ほうかいじ）
京都市伏見区日野西大道町19
電話／０７５・５７１・００２４
拝観／午前9時～午後5時（10～3月までは午後4時まで）
料金／境内自由、阿弥陀堂＝４００円
交通／京阪宇治線六地蔵駅から京阪バス8系統で日野薬師下車、徒歩すぐ。JR山科駅から京阪バス22、22Ａ系統で石田下車、徒歩13分

黄檗禅をひろめた隠《いん》元《げん》

萬福寺

天王殿にある范道生作の布袋(弥勒)像。

重要文化財の開山堂。大棟中央の宝珠のほか、正面には卍文を入れた勾欄、正面中の間の半扉など、中国風の建築の意匠がみられる。

法堂から卍くずしの勾欄ごしにみた大雄宝殿。

写真右/木魚の原型となった開梆(かいぱん)。刻限を報じるときに打たれるもので、現在も使用されている。斎堂前にある。

田上菊舎がものした一句

中国の福建省福州府、福清県の萬福寺に参詣すると、本堂のそばに新しいお堂があるのが目につく。

日本の宇治の萬福寺の援助でたてた堂である、といった説明がされるはずです。宇治の萬福寺をたてた隠元隆琦《いんげんりゅうき》はこの萬福寺の住職をしていたのですよ、とも説明されるでしょう。

山門を　出れば日本ぞ　茶摘《ちゃつ》みうた

（『手折菊』）

長府藩士の娘、俳人の田上菊舎がものした一句である。萬福寺に参詣し、境内にあふれる中国趣味をたっぷりと味わって門外に出れば、ああ、ここは日本であったのだ、宇治の名物の茶を摘む歌がきこえてくる…

線が荒い、よい句とはいえない、といった批評もあるが、王朝の貴族がこよなく愛した宇治の風景のなかで、まことに中国風のお寺に参詣した軽い驚嘆の気分はよく出ているのではなかろうか。

もしも、田上菊舎が福建の萬福寺に参詣していたなら、どんな句を詠んだろうか。

——ああ、宇治の萬福寺はやはり日本の禅寺でありました。いま、わたくしが目の前にしている福建の萬福寺とは趣がちがう。

そんな感想をもったのではないかと想像される。

隠元隆琦は福建の福清のうまれ。おさないころに別れた父をさがして旅に出て、浙江省の普陀山で佛教に開眼、潮音堂でまなんだ。福清の黄《おう》檗山《ばくざん》萬福寺で出家し、やがて萬福寺の住職になった。

おなじ黄檗山の僧、逸然性融《いつねんしょうゆう》が戦乱を避けて日本の長崎にわたっていた。隠元は逸然の招きで承応三年（一六五四）に来日し、長崎の興福寺や崇福寺に籍をおいた。このときすでに六十三歳の高齢に達していた。

　摂津の普門寺の住持をしていたとき江戸に行って将軍家綱に謁見、宇治に土地をあたえられ、寛文三年（一六六三）に黄檗山萬福寺をひらいた。日本黄檗宗のはじまりである。

日本永住を決意した隠元

　三年間のあいだ興福寺を指導して帰国するつもりだったが、将軍に謁見したころから日本永住を決意した。その決意でもって萬福寺の創建にとりかかったのである。

　ここの土地はもともと後水尾天皇の生母の中和門院の別邸、大和田御殿があったところだ。隠元を開山とする萬福寺がたてられるときまって御殿の敷地は収公され、九万坪の広大な境内につぎつぎと中国風の伽藍が姿をあらわした。

　中国から輸入された西域木、つまりチーク材を大量に使い、中国禅寺様式の三門・天王殿・大雄宝殿（本堂）・法堂が西をむいて一直線上にならぶ伽藍配置である。

　後水尾天皇から佛舎利の寄進をうけたほかに、諸大名からの寄進があいついで寺領は四百石に達した。僧の数も五百をこえ、伽藍は拡張された。

　こうした豊かな財政を基盤として隠元は黄檗禅をひろめていった。

　煎茶や書画、詩文や建築といったさまざまなジャンルにおける中国様式が宇治から全国にひろまっていった。田上菊舎が強調した「日本のなかの中国」が萬福寺の伽藍だけのものではない所以《ゆえん》がここにある。

　隠元は「黄檗十二景」を選定したが、そのうちの「中和井《ちゅうわせい》」とは中和門院の別邸の井戸である。開山の隠元のあと中国からの渡来僧が住職になった。が、大政照漢のあとは僧の渡来はないそうだ。

萬福寺（まんぷくじ）
京都府宇治市五ヶ庄三番割34
電話／0774・32・3900
拝観／午前9時～午後4時30分
料金／500円
交通／JR奈良線・京阪宇治線黄檗駅下車、徒歩7分

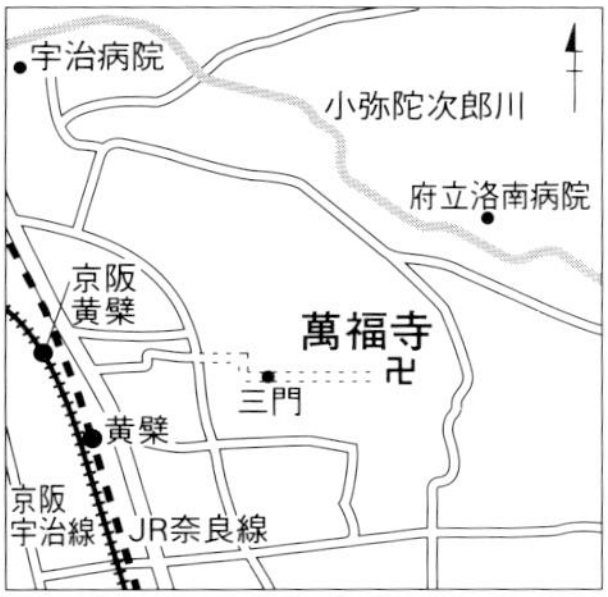

多くの災難をくぐりぬけて発展

三室戸寺《みむろとじ》

本堂の前からみた境内の鐘楼と三重塔。
同寺は山岳宗教の盛んな、明星山の山
中にある。

宇治田原で再興にのりだした月舟宗胡

禅定寺《ぜんじょうじ》

地蔵堂の前から茅葺の本堂をのぞむ。
境内の収蔵庫には、平安時代の佛像が
多数保管されている。

三室戸寺

紆途曲折の歴史

本山修験宗。本尊は観世音菩薩。西国三十三ヵ所観音霊場の第十番札所となっている。かぞえきれない災難にあってきたが、そのたびに苦難をくぐりぬけてきた。

奈良時代の宝亀年間(七七〇〜八〇年)の創建伝承があるが、くわしいところはわからない。光仁天皇の御室をうつした建物が伽藍となったので「御室――みむろ――三室」の名がついたという伝承もあるそうだ。

明星山の山中にあるから、山岳宗教の古い由緒をもっていることが想像される。

三井寺の修験僧の隆明が康和年間(一〇九九〜一一〇四年)に中興して、それから興隆の一途をたどった。秋の紅葉の秀麗も寺勢の興隆に一役を果たしたようだ。

室町幕府八代将軍夫人の日野富子が宇治神明社に参詣したとき、宇治郷と三室戸郷の境界紛争がおこった。火事になり、三室戸寺の堂塔が焼失したこともある。

ようやく再建にこぎつけると、こんどは織田信長と足利義昭の槇島《まきしま》合戦の戦火が飛び火して類焼したという。

江戸時代も苦難がつづき、めぼしい伽藍は金蔵院だけという時期も短くはなかった。

文化年間(一八〇四〜一八年)に再建がはじまり、秘佛の観世音菩薩が三十三年ごとに公開されるようになったが、いまは中止されている。

本堂もたてられ、千手《せんじゅ》観音のほかに木造釈迦如来立像、木造毘沙門天立像が安置された。釈迦如来と毘沙門天は重要文化財に指定されている。

三室戸寺の東の山には、六歌仙のひとりの喜《き》撰《せん》法師が住んでいたのにちなんで喜撰山と名づけられている。

三室戸寺(みむろとじ)
京都府宇治市菟道滋賀谷21
電話/0774・21・2057
拝観/午前8時30分〜午後4時30分
料金/400円
交通/京阪宇治線三室戸駅下車、徒歩20分(受付まで)

周辺は山岳宗教の修業場

宇治田原《うじたわら》の北部、禅定寺《ぜんじょうじ》川の流域一帯の山地は山岳宗教の修行場として古い歴史をもっていた。

ここには奈良時代から、桑在《くあり》寺という修行場があったとされる。東大寺の別当でもあった平崇上人が摂関家の援助をうけて堂を建立、八尺の十一面観音像を安置して本尊とした。これが禅定寺のはじまりになるわけで、長徳元年（九九五）のことだという。

平崇は東大寺のなかに正法院という寺をたてていた。はじめのうち禅定寺は正法院の末寺の扱いであったが、藤原道長など摂関家の寺領寄進によって富裕になった。

寺領のうち、かなりの割合が杣山《そまやま》で占められていた。杣山の経営には村人の協力が不可欠であったから、禅定寺の運営に村人が積極的に関与するようになり、鎌倉時代には本座・新座・弥座という村人の座が組織された。これに寺僧の僧座をあわせた四座の合議によって禅定寺は運営されていた。

だが、戦国から江戸初期にかけて禅定寺は荒廃の極に達した。

曹洞宗《そうとうしゅう》の加賀大乗寺の月舟宗胡が禅定寺の再興を決意して宇治田原にやってきた。延宝八年（一六八〇）のことである。

予想をこえる衰退であったが、宗胡はひるまなかった。まず加賀藩の老臣を説いて前田家からの寄進をあおぎ、それを基礎として禅定寺村の村人から伽藍再建のための木材の寄進をうけるという方法が功を奏して、曹洞宗の道場として復興した。

本堂の右手の観音堂の十一面観音像は開山の平崇上人が安置した像だという。

禅定寺（ぜんじょうじ）
京都府綴喜郡宇治田原町禅定寺庄地100
電話／0774・88・4450
拝観／午前9時～午後5時
料金／境内自由、宝物館＝400円
交通／京阪宇治線・JR奈良線宇治駅または近鉄京都線新田辺駅から京阪宇治交通バスで維中前下車、徒歩20分（維中前バス停前からタクシーあり）

歌人、猿丸大夫は実在した？

猿丸神社

猿丸神社の本殿前にたつ２体の石像の右側のもの。平安時代前期の歌人として有名な猿丸大夫は、謎が多い。実際には、個人の名ではなく、職業の呼び名であったとかんがえるのが正しいようである。

十三重の石塔は何のため？

浮島（塔の島・橘島）

平等院の前の宇治川ぞいの道から見た浮島。向かって右が塔の島で、左が橘島。

塔の島の名は、この十三重の石塔にちなんでつけられた。

橘島。手前はゆっくりと流れているが、島の向こうは、早く強い流れ。

猿丸神社

諸国を巡行していた猿丸大夫

神に関係する職業をもち、諸国を巡行していたひとを猿丸大夫とよんでいたらしい。

だから、「わたしは猿丸大夫」となのるひとは大勢いた。個人の名ではなく、職業の呼び名であったとかんがえるのが正しいようである。

神にかかわることを職業にしているから、歌を詠む機会が多い。そのなかで、格別に素晴らしい歌を詠む猿丸大夫が注目をあつめ、猿丸大夫といえば個人の名であるかのような現象も起こっていたろう。

平安前期の有名な歌人を三十六人まとめて三十六歌仙とよぶが、そのなかに猿丸大夫の名がある。

奥山に　もみじ踏みわけ鳴く鹿の
　こゑきくときぞ　秋はかなしき

『古今和歌集』では「詠み人しらず」とされているこの歌が、じつは猿丸太夫の作であると、ふるくからいわれてきた。

その『古今和歌集』の紀淑望《きのよしもち》の真名序《まなじょ》では「大友の黒主《くろぬし》の歌は古の猿丸大夫の次である」と評価されている。歌の一個のスタイルを確立した歌人として猿丸は認識されたが、生没年や素性などは不明の扱いになっていた。

全国の所々に、猿丸大夫の一団の根拠地のような場があったにちがいない。

そのむかしは神の意志と村人の願いを仲介する役目をはたしていたが、神社が巨大化するにつれて、諸方を放浪せざるをえなくなったのではないか。

宇治田原《うじたわら》も、猿丸大夫の根拠地のひとつであったらしい。

猿丸神社（さるまるじんじゃ）
京都府綴喜郡宇治田原町禅定寺粽谷44
電話／0774・88・3782
拝観／午前7時頃～午後5時頃
料金／参拝自由
交通／京阪宇治線・JR奈良線宇治駅または近鉄京都線新田辺駅から京阪宇治交通バスで維中前下車、徒歩30分（維中前バス停前からタクシーあり）
※禅定寺から猿丸神社までは、徒歩10分ほど。こぶとり（瘤封じ）の神様としても知られ、毎月13日の例祭には朝市（地元特産のお茶・農産物の加工品など）もひらかれ、多くの人でにぎわう

浮島（塔の島・橘島）

架けては流され続けた宇治橋

宇治橋の上流の浅瀬が中州になり、浮島という島になっている。浮島はふたつの島からできている。上流の島が塔の島、下流の島が橘島とよばれている。

塔の島の名のおこりは、島のなかほどにある十三重の石塔にちなんでいる。十三重の塔がたっているから塔の島だ。

宇治橋の運命は激しいものであった。橋を架けては流され、また架けて流される難事業のくりかえしだが、山城と大和や近江をつなぐ要衝だから、流されたまま放置してはおけない。

弘安四年（一二八一）、奈良の西大寺の叡尊が宇治橋を修造した。そのとき叡尊は、流域の住民を代表して、神に誓いをたてたのである。

「これからは漁撈《ぎょろう》をやめ、これまで捕った魚の霊を供養いたします。どうか、橋の安全をおまもりください」

宇治川では、ふるくから網代《あじろ》による漁撈がさかんであった。木や竹で柵をつくり、上流は広く、下流にゆくにしたがって狭くして魚を追いこんで捕るのが網代漁だ。

このあたりから朝廷にささげる貢物として重要なもの、したがって宇治の里の繁栄も網代漁にかかっていたが、その漁撈を廃止し、魚の霊を供養する、そのかわりに橋の安全を保証していただきたいと叡尊は誓った。

魚霊供養、網代漁廃止の誓約のしるしとして建立されたのが十三重の石塔であった。

橋が流されないように、しっかりと留めている巨大の石の杭の印象があるが、といって、宇治橋は絶対に流されない、というわけにもいかなかった。

浮島（うきしま）
京都府宇治市
交通／京阪宇治線宇治駅から宇治川ぞいに徒歩10分。JR奈良線宇治駅から徒歩14分
※平等院（西岸）と宇治神社（東岸）の双方から、橋が架かっている

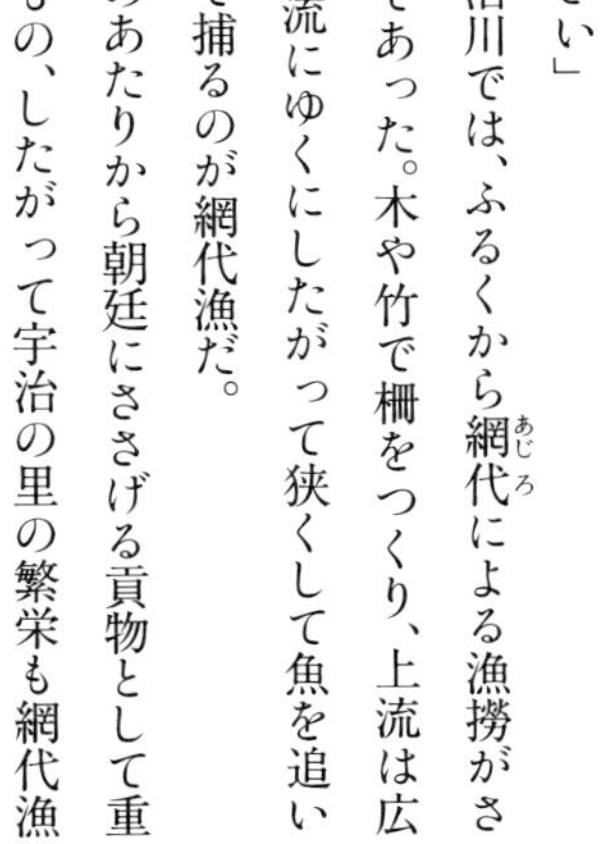

「末法の世」第一年目に創建

平等院

阿字池ごしにみた鳳凰堂。

境内に咲く皐月(さつき)と藤の花。

空に飛びたつ鳳凰。

鳳凰堂の阿弥陀さま

平等院の鳳凰堂(阿弥陀堂)の丈六《じょうろく》、木造の阿弥陀如来座像を拝む、それが宇治へ行くということだ。

ところで、その阿弥陀さまだが、鳳凰堂にはいって、できるかぎり近寄って拝見するのと、池をへだてて、すこし離れた位置から拝見するのと、二様がある。

はじめはもちろん近寄って拝見するが、阿弥陀さまに魅せられ、何度か通ううちに、池をへだてて拝見するのを好ましいと思うようになる。

鳳凰堂の扉の、円形の窓を通して阿弥陀さまの顔を拝見していると、「近寄りがたい」という痛切な思いをおさえられなくなる。

阿弥陀さまが拒絶なさっている、だから近寄りがたいというのではない。いちばん尊いもの、大切なものに手をつけるのは最後にしたいという、いささか子供じみた心境なのである。

離れて拝見するほうが、〈わたしだけの阿弥陀さま〉の思いは強くなる。これもまた子供じみていて、いくらか欲張りでさえあるけれども、阿弥陀さまは莞爾《かんじ》として微笑んで見逃してくれるはずだと、そんな気分にもなってくるのだ。

近江と山城、大和と山城をつなぐのが宇治川である。だが、急流なるがゆえに、近江と山城、大和と山城を遮断するのもまた宇治川であった。

宇治川に安全な橋がかかれば――!

宇治の里にたいする平安京のひとの思いには、執念のようなものがある。

最初に別荘をたてたのは源融《みなもとのとおる》であったようだ。河原院や棲霞館《せいかかん》など、平安京にいくつもの宏壮な別荘をたてた源融が宇治里を見逃すはずはない。

融の宇治院(宇治殿)は源重信から藤原道長

へ、道長から頼通へと伝領され、頼通によって佛堂がたてられた。平等院と命名したのも頼通であったようだ。永承七年（一〇五二）のことだという。

到来した末法の世

　この年は末法《まっぽう》の世の第一年とされた。

　釈迦が入滅したあとの一千年を「像法の世」といい、教法は存在するが信仰が形式に流れて真実の修行はおこなわれない。そのつぎが「末法の世」で、佛の教えは廃れて教法だけがのこる最悪の状態だ。「末法の世」とはなんと一万年もつづくと信じられていたのだ。

　とすれば、鳳凰堂の阿弥陀さまにかけられていた熱い期待の意味もわかるのである。阿弥陀さまを拝し、祈るものだけが救われる。

　この世のすべて、生きとし生けるもののすべてにとって、阿弥陀を祈ることによってしか明日の希望がもてない。

　ここへ佛師の定朝派《じょうちょうは》が登場してくる。

　定朝は頼通の父、御堂関白《みどうかんぱく》道長が平安京にたてた法成寺《ほうじょうじ》の九体阿弥陀堂の阿弥陀佛像など、巨大で多数の佛像彫刻で名をあげた。奈良の興福寺の佛像修復をてがけて法眼《ほうげん》に叙され、その勢いを駆って鳳凰堂の佛像製作に登用されたのだ。

　定朝の配下の大佛師が二十人、それぞれに五人の小佛師が付いて、あわせて百人という精鋭の組織が短期間のあいだに本尊の阿弥陀佛と諸佛の像を完成した。

　――極楽が信じられないならば平等院に参詣すればよい。

　とまでに激賞された諸佛像がこうして製作された。その後の定朝派のめざましい活躍は枚挙に遑《いとま》がないが、平等院も定朝派の活躍も末法第一年にはじまったことを記憶にとどめていただきたい。

平等院（びょうどういん）
京都府宇治市宇治蓮華116
電話／0774・21・2861
拝観／午前8時30分～午後5時30分（12～2月は午前9時～午後4時30分）
料金／600円（鳳凰堂は別途500円）
交通／京阪宇治線宇治駅下車、徒歩8分。JR奈良線宇治駅下車、徒歩12分

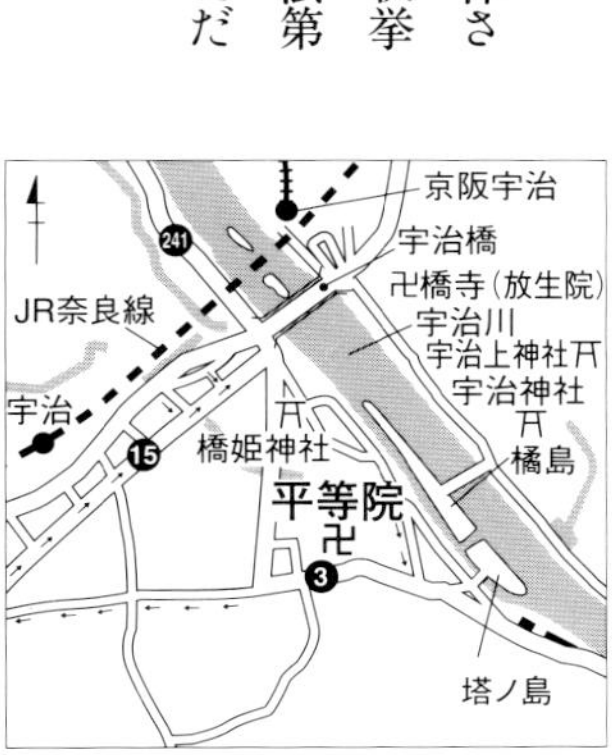

日本最古の本格架橋

宇治橋

宇治橋は大化２年(646)に奈良の元興寺の僧、道登により架けられたという。現在の宇治橋は、平成７年に架けかえられたもの。写真は、橋の中央上流側に２メートル四方で張り出している三の間からながめた浮島の眺望。三の間は、秀吉が茶の湯の水をくみあげたとも、また、橋姫神社の跡ともつたわっている。

ほぼ確定した、大化二年架橋説

このあたり、宇治川の浅瀬があった。浅瀬だから橋を架けやすい。架けやすいといっても天下の急流、架けては流され、また架けては押し流されの難儀をくりかえすわけだが、この地のほかに架橋は不可能だ。

橋を架けて宇治川を渡河《とか》する地点ということ、それが宇治の里にたいする天の恵みであり、同時に、きびしい宿命でもあった。

近江から琵琶湖をへて北国へ、淀をへて西海と西国へつながる大動脈である。宇治川と宇治橋の重要さは語るにあまりある。

壬申の乱のとき(六七二年)、天武天皇は宇治川の橋番に命じ、敵の大友皇子の兵糧が運搬されるのを妨害させた記録がのこる。宇治橋をにぎるものは天下の権を掌握することが約束されたわけだ。

宇治橋は日本で最古の本格架橋である。架橋したのは道昭、道登という僧であったこともわかっている。道登は山城の出身で、奈良の元興寺《がんごうじ》の僧であったという。道昭、道登の名は『続日本紀』や『日本霊異記』に架橋者として出ていたが、確証がなかった。

ところが、江戸時代の寛政三年(一七九一)に、ちかくの橋寺から石碑の断片が発見され、その碑文に「大化二年に道昭と道登が勅を奉じてはじめて宇治川の橋を架けた」といった意味が書いてあるのが読めた。

大化二年というと六四六年である。この年に宇治橋が架けられたとする記事は『帝王編年記』にもあるが、あまりにも古い記録なので半信半疑のまま長い時間がすぎた。この石碑断片によって大化二年架橋説はほぼ確定したといってよろしいようである。

宇治橋の橋板とする材木は近江国が十枚、丹波国が八枚を税として納入することが義務づけられていた。長さは三丈(約九メートル)、幅は一尺二寸(約三十五センチ)、厚さは八寸(約二十四センチ)と規格がきまっている。年々に十枚の貢納義務だろうから、容易ではない。

京を守るも攻めるも、宇治橋がポイント

平安京を守ろうとするものは宇治橋に陣地をかまえて敵勢力の侵入をふせぐ。京に突入しようとするものは、なによりもまず宇治橋を突破する。壬申の乱のときに天武天皇が宇治橋の守備を重要視した事情は、平安時代になっても変わらなかった。

防衛不能とみれば京方は橋を引き落として侵入をふせぎ、攻めるものは臨時の橋を架けてまでも渡河しようとする。梶原源太景季《かげすえ》と佐々木四郎高綱が宇治川渡河の先陣をあらそったドラマは『平家物語』で有名だが、これより三十七年後の承久三年(一二二一)六月に、鎌倉幕府の御家人たちはやはり宇治川渡河の先陣をあらそって意地の突っ張りあいのドラマを演じていた。

後鳥羽上皇は鎌倉幕府を倒そうとして軍を起こしたが、武家側に先手を打たれ、たちまち劣勢に追いこまれる。鎌倉から押し寄せた幕府軍は橋が破壊された宇治川を強攻渡河した。このとき、浅瀬を発見した芝田兼義と、その浅瀬をつたって最初に渡河した佐々木信綱と、どちらが先陣の栄誉にかがやくのであるかをめぐって、論功行賞の場ではげしい争いが展開されたのである。

宇治橋のなかほど、上流に突き出した欄干がある。「三《さん》の間《ま》」とよばれる場である。ここには橋姫がいて橋の安全を守っているとの伝承があった。橋姫神社も、むかしはこの場にたっていたのである。

橋の東詰の通圓《つうえん》茶屋は、江戸時代には橋守の役も兼ねていた。徳川幕府が管理する公共施設でもあったのだ。

宇治橋(うじばし)
京都府宇治市宇治山田
交通/京阪宇治線宇治駅下車、徒歩すぐ。JR奈良線宇治駅下車、徒歩10分

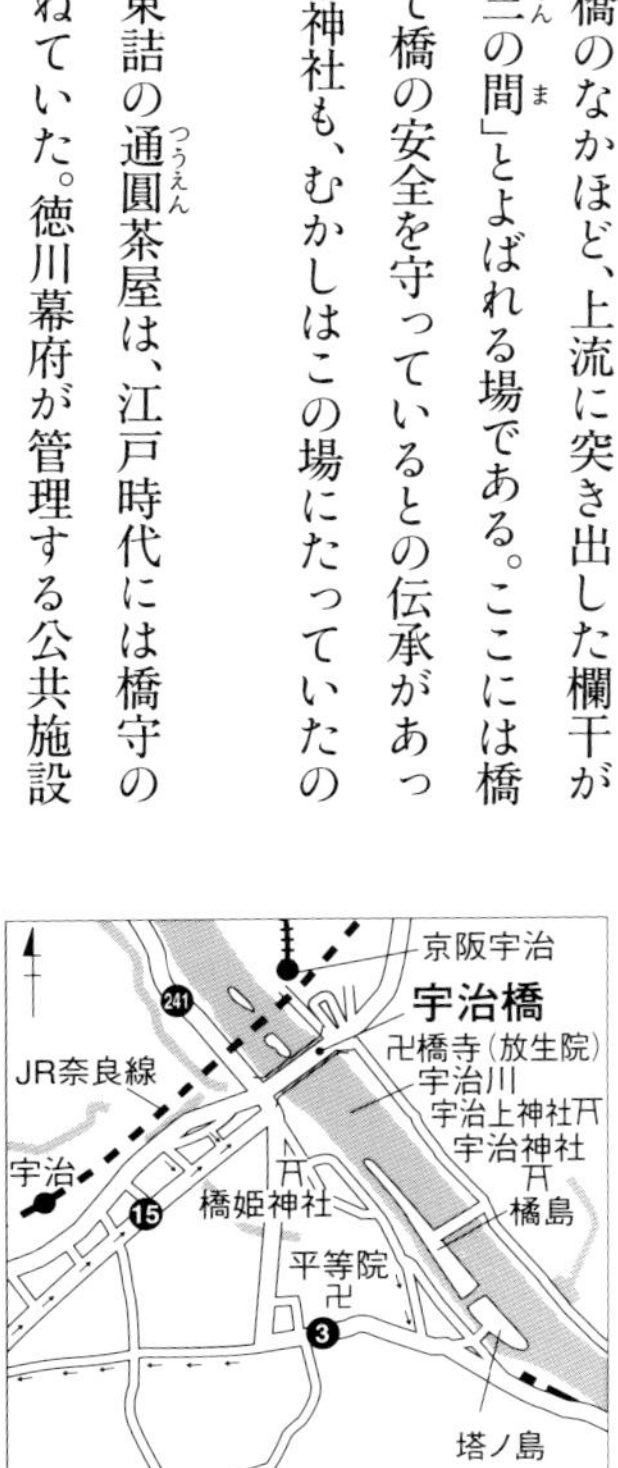

宇治橋を守護する役割

橋寺（放《ほう》生《じょう》院《いん》）

橋寺の表門。宇治橋の東詰から川ぞいに少し南にむかったところにある。境内には宇治橋の由来が彫られた「宇治橋断碑」とよばれる石碑があり、重要文化財に指定されている。

橋姫神社

橋姫神社。宇治橋の三の間から(113頁参照)、江戸時代に現在地に移された。女性の守神らしく、小さな祠。橋の西詰にあった住吉明神も一緒に移され、合祀されている。

橋寺(放生院)

眼下には宇治橋が……

正式な山号寺号は雨宝山放生院《ほうじょういん》常光寺、真言律宗だ。ふるくから宇治橋を守護する役割を背負ってきているので、橋寺の通称が有名になっている。

宇治橋の東詰から上流にすこしすすんで、左手の坂をあがると、そこが橋寺の境内である。眼下に宇治橋をおさめる位置にあるのがわかれば、橋寺の通称の意味が納得できる。

――橋寺と呼ぶほかはない!

聖徳太子の本願を秦河勝《はたのかわかつ》がうけて架橋したのが宇治橋だという伝承があるそうだ。橋寺を創建したのも河勝だというわけだが、聖徳太子が宇治橋を架けたという説には例証がない。たぶん、聖徳太子信仰の高まりが宇治橋の貴重と神聖にむすびついて派生したものだろう。

本尊の地蔵菩薩立像は鎌倉時代の作品と考証される。同時期の弘安四年(一二八一)、奈良の西大寺の叡尊という僧が橋寺の堂の供養をしたのは史料によって確認できる。とすると、橋寺をたて、地蔵菩薩を本尊としたのも叡尊だとしていいだろう。

弘安七年に宇治川の網代漁《あじろりょう》が禁止され、九年には宇治橋が修築され、浮島に十三重の塔がたてられた。この一連の事業はすべて叡尊がおこなったものであり、一連の事業の総本部が橋寺だったとみてまちがいない。

網代漁が禁止されたのは、漁撈《ぎょろう》の収穫を犠牲にする放生の代償として橋の安全を守っていただこうという信仰である。

寛政三年(一七九一)に発見された宇治橋架橋碑の破損部分が補刻復元され、橋寺の境内に展示されている。

橋姫神社(はしひめじんじゃ)
京都府宇治市宇治蓮華
料金/参拝自由
交通/京阪宇治線宇治駅下車、徒歩10分。JR奈良線宇治駅下車、徒歩10分
※地図は左頁参照

橋をまもる女性の神秘のちから

宇治橋のなかほど、上流にむかって欄干が突き出している。ここを「三《さん》の間《ま》」といい、橋姫の住まいとされていた。橋姫神社も、むかしはこの「三の間」にあったのだと語り伝えられている。

橋姫、それは、なにか?

大切な橋を女性の神秘のちからによってまもっていただく、それが橋姫信仰のはじまりであったろうが、もうすこし人間くさい次元でかんがえるほうが橋姫はおよろこびであろう。

橋は人間の出会いが実現する場である。

ただだっぴろい世間では、逢いたいひとと、これはと思えるひとに出会う機会はすくないけれども、幅の狭い橋のうえでは出会いの可能性が特段に高まるのである。奇蹟とか奇遇としかいえない宿命的な出会いも、橋のうえならばおこりうる。

出会いの奇蹟を実現してくれる神として期待を寄せられたもの、それが橋姫であったろう。生命を宿し、そだてる女性だからこそ神性が期待されるのであり、男では、こうはいかない。

そして——これこそが橋姫のありがたいところ——だれにも会えなくても、橋姫だけは待っていてくれる。彼女は橋をまもる役目があるから、自分からは動けないのである。だから、いつでも、橋のうえで、待っていてくれる。

狭筵《さむしろ》に　ころもかたしき　こよいもや
われをまつらむ　宇治の橋姫
（詠み人知らず『古今和歌集』）

橋姫神社が宇治橋の「三の間」から現在地に移されたのは江戸時代のことだ。

橋姫は嫉妬深く、妬ましく思う男女を取り殺したという伝説もあり、縁切りの神さまとしても信仰されている。

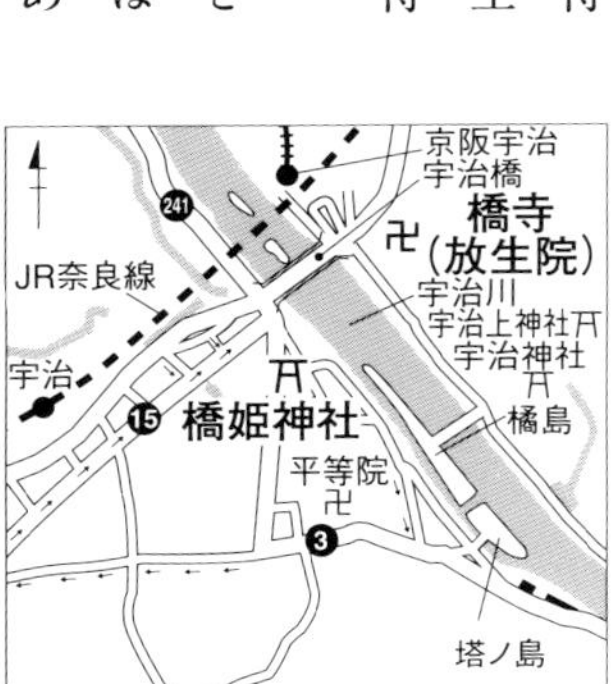

橋寺（はしでら）
京都府宇治市宇治東内11
電話／0774・21・2662
拝観／午前9時〜午後4時30分
料金／境内自由、佛像・宇治橋断碑拝観＝300円
交通／京阪宇治線宇治駅下車、徒歩3分。JR奈良線宇治駅下車、徒歩13分

宇治と菟道稚郎子《うじのわきいらつこ》との深い関係

宇治上神社・宇治神社

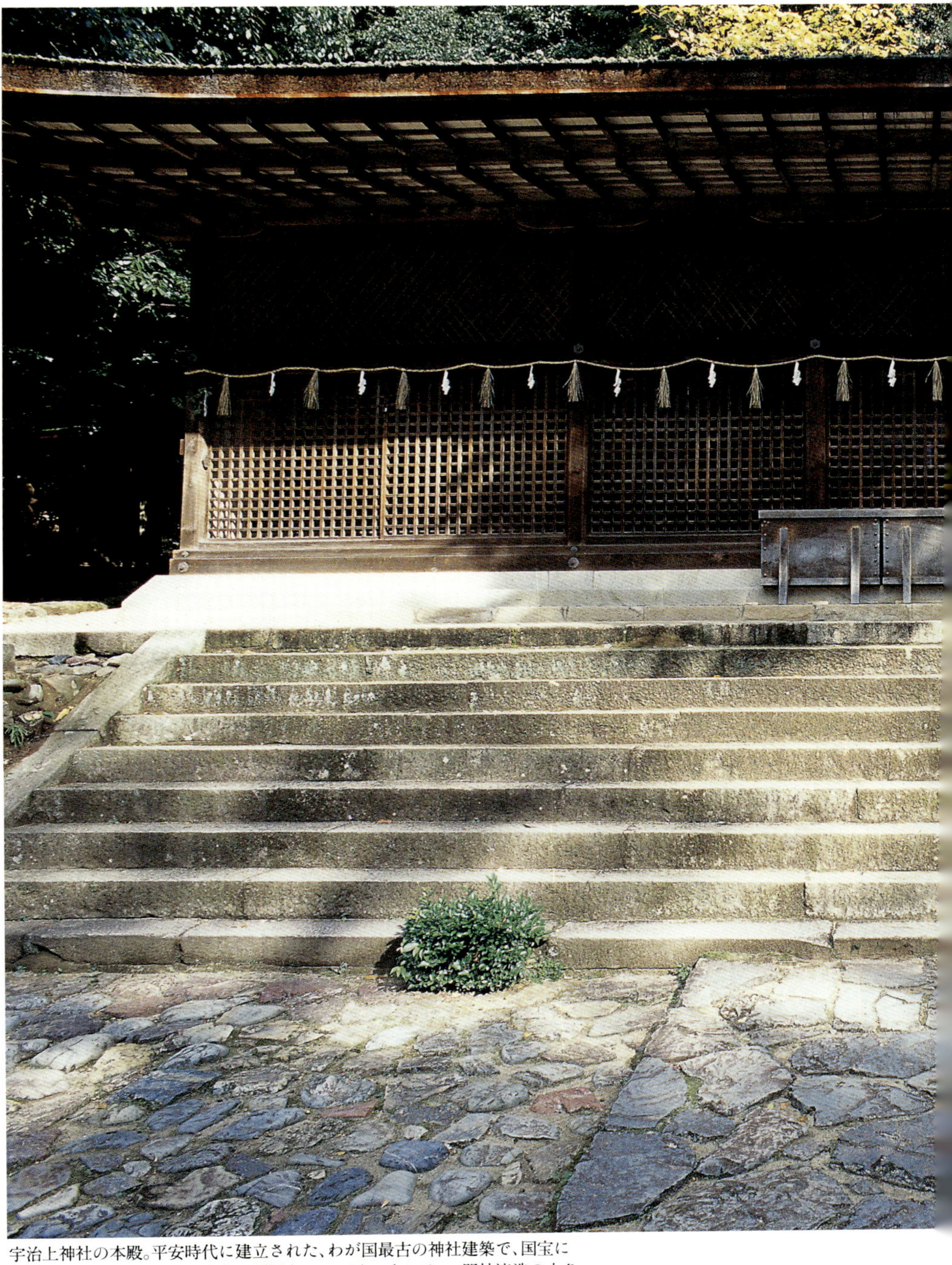

宇治上神社の本殿。平安時代に建立された、わが国最古の神社建築で、国宝に指定されている。写真の檜皮葺の覆屋（おおいや）の中には、一間社流造の小さな社が３棟並んでいる。

菟道稚郎子《うじのわきいらつこ》と大鷦鷯尊《おおさざきのみこと》（仁徳天皇）

おおむかし、宇治の地名は「許之国《このくに》」であったそうだ。応神天皇の皇子の菟道稚郎子《うじのわきいらつこ》が宇治川のほとりの桐原日桁宮《きりはらひげたのみや》に住んだのにちなんで宇治というようになったのだという記事が『山城国風土記逸文』に出てくる。

宇治川のほとりだから宇治、それでいいんじゃないか、わざわざ菟道稚郎子が登場しなくても…いやいや、地名というものはそういうものではない。ひとが「住みたい！」と思う衝動、あるいは、じっさいに住んだ経験の蓄積、それが地名になってゆく。ひとの暮らしと関係がなければ、そもそも地名なんていうものは意味がない。

そういうわけで、宇治と菟道稚郎子とは切ってもきれない深い関係にあった。

さて、菟道稚郎子とは応神天皇の第三皇子である。おさないときから聡明で知られ、百済《くだら》から渡来した阿直岐《あちき》や王仁《わに》を師として最新の学問をまなんだ。

聡明な菟道稚郎子を父の応神天皇が偏愛したところに悲劇がはじまったというべきか、天皇は菟道稚郎子を皇太子とし、皇太子の異母兄の大山守皇子と大鷦鷯尊《おおさざきのみこと》を補佐役に任命した。

まもなく応神天皇が亡くなり、大山守皇子が皇位に就こうとして叛乱を起こしたので、皇太子と大鷦鷯尊に討たれた。そのあとで皇太子は兄の大鷦鷯尊に皇位をゆずろうとしたが、大鷦鷯はうけない。

皇太子は宮廷にはいるのを避け、離宮の桐原日桁宮を造営して住み、三年間にわたって皇位をゆずりあったが、結局は皇太子菟道稚郎子の自殺、大鷦鷯尊の即位で悲劇の幕がおりたというのが『日本書紀』のつたえるところである。

大鷦鷯尊が仁徳天皇だ。

宇治上神社、拝殿。鎌倉時代の建築で、本殿と同じく国宝である。

もちろん、異説はある。『古事記』は稚郎子は若死にしたという説、『播磨国風土記逸文』は稚郎子は即位して「宇治の天皇」であったとし、そのほかにも、皇位の譲り合いではなくて争奪戦だったのだとする説もある。

歌人の柿本人麻呂は、稚郎子は宇治川に身をなげて死んだという伝承にしたがい、皇子を悼む挽歌をつくった。

　宇治若郎子の宮所の歌一首
妹《いも》らがり　今木《いまき》の嶺に茂りたつ
嬬松《つままつ》の木は　ふるひと　見けむ

菟道稚郎子の離宮の桐原日桁宮は宇治の産土《うぶすな》の宇治離宮明神（宇治八幡）という名の神社になった。

宇治上・宇治の二社にわかれた宇治離宮

ながいあいだ二社一体の神社の歴史をきざんできたが、明治維新のときに上社と下社が分離した。上社が宇治上神社、下社が宇治神社である。祭神は菟道稚郎子・応神天皇・仁徳天皇の三神である。

宇治上神社の本殿は最古の神社、平安時代からの由緒をほこる唯一の神社であり、国宝に指定されている。一間社流造の三棟の社殿を一棟の覆屋でつなぐという、きわめて珍しい設計である。

宇治神社の本殿は鎌倉時代の建造と見られる三間社流造、檜皮葺で、菟道稚郎子の像とつたえられる平安時代の神像を祀っている。

宇治離宮明神の神事の宇治離宮祭は、数千人の見物が宇治川に小舟をうかべて待ちうけるなか、自由奔放なリズムとメロディの田楽《でんがく》が演じられる野趣ゆたかな祭礼であった。いまは宇治神社の例祭にひきつがれている。

宇治上神社（うじがみじんじゃ）
京都府宇治市宇治又振37
電話／0774・21・4634
拝観／午前8時～午後4時30分
料金／参拝自由
交通／京阪宇治線宇治駅下車、徒歩6分。JR奈良線宇治駅下車、徒歩16分

宇治神社（うじじんじゃ）
京都府宇治市宇治山田1
電話／0774・21・3041
料金／参拝自由
交通／宇治上神社から徒歩すぐ

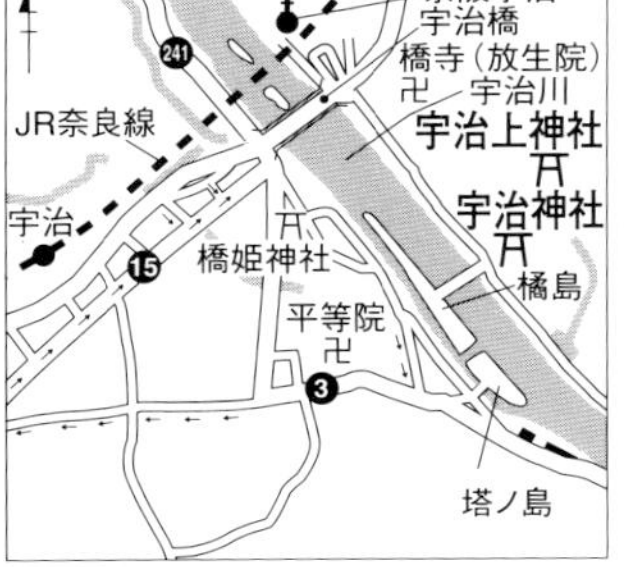

宇治川の流れとハエ釣に興じる釣人。

主要索引

● 著者略歴 ●

高野 澄（たかの・きよし）
作家。1938年、埼玉県生まれ。同志社大学で新聞学、立命館大学大学院で日本近代史を専攻。立命館大学助手を経て著述業に専念。『物語・廃藩置県』『文学でめぐる京都』『京都の謎』『日蓮』『大杉栄』『名前おもしろ読本』『西郷隆盛よ江戸を焼くな』『上杉鷹山の指導力』『忠臣蔵とは何だろうか』など、著作多数。「歴史の京」全5巻『洛東を歩く』『洛北を歩く』『洛西を歩く』『洛中を歩く』『洛南を歩く』(淡交社)。

永野一晃（ながの・いっこう）
写真家。1945年、京都市生まれ。広告写真撮影に従事の後、1971年フリーランスに。1977年永野一晃写真事務所を設立し、古美術品、人物ルポルタージュ、料理などを中心に、出版物の写真撮影を多数てがける。『アンティーク』『別冊太陽 骨董シリーズ』『日本の色』『明治の引札』『化粧道具と髪飾り』『歴史の京 洛東を歩く』など、著作多数。日本写真家協会会員。

新撰 京の魅力
歴史の京《みやこ》 洛南を歩く

2002年2月16日 初版発行

著 者 文・高野 澄／写真・永野一晃
発行者 納屋嘉人
発行所 株式会社 淡交社
本社 〒603-8691 京都市北区堀川通鞍馬口上ル
営業☎075(432)5151 編集☎075(432)5161
支社 〒162-0061 東京都新宿区市谷柳町39-1
営業☎03(5269)7941 編集☎03(5269)1691

印 刷 —— 大日本印刷 株式会社
製 本 —— 大日本製本紙工 株式会社

http://tankosha.topica.ne.jp/

ISBN4-473-01869-5